AUTORIDAD

◆

Natural vrs. Espiritual

Un análisis practico de la aplicación entre la Autoridad
Natural y la Autoridad Espiritual

Los pasajes mencionados en este libro son sacados de la Biblia de las Américas (LBLA), con excepción de los pasajes notados por otras versiones.

International Standard Book Number – 978-0-9833644-0-5

Impreso en Guatemala, C.A.

ÍNDICE

INTRODUCCIÓN

Cuando tenemos la oportunidad de escudriñar las Escrituras, uno de los mayores retos es ver, analizar y comprender lo que verdaderamente es el mundo espiritual. La lógica o razón nos lleva a interpretar y entender estos sucesos por la vía del mundo natural. Procedemos a comprender o por lo menos a comparar las verdades bíblicas frente a lo que perciben nuestros sentidos y preconcepciones. Sin embargo, inconscientemente estamos tratando de asemejar el mundo espiritual al natural, y cuando eso no concuerda lo rechazamos.

La Palabra nos recuerda que para tener una profunda relación con Dios, debemos hacerlo en *espíritu y verdad*. Las cosas espirituales no pueden ser comprendidas singularmente con nuestra mente carnal, con los ojos naturales o con el conocimiento humano. Lo espiritual se conoce con la mente renovada, los ojos del entendimiento y con nuestro espíritu; lo espiritual para lo espiritual.

Las cosas de Dios no están establecidas conforme al patrón natural, sino que lo natural está creado

Introducción

carne y hueso, interfiere en nuestras relaciones interpersonales, nos quita la tranquilidad y nos vuelve altamente emotivos, especialmente negativos. La opresión espiritual es un yugo que se siente profundamente en lo natural, mas no es característicamente natural.

La Palabra nos insta a que reconozcamos de dónde vienen los problemas, que veamos el "viento" detrás de las "olas" y muchos otros factores espirituales que están estimulando lo natural. Nuestra lucha no todo el tiempo es contra carne y sangre, sino contra principados y potestades (Efesios 6:12), de tal forma que debemos comprender que muchas de nuestras luchas son netamente de carácter espiritual.

Hay cosas que Dios nos provee que se manifiestan tanto en la esfera natural como en la espiritual, cosas como la fe que puede mover montañas, calmar tempestades y parar el sol. Lo mismo podemos decir del amor, la fidelidad, la compasión, la gracia y de los demás atributos que comenzaron en el corazón de Dios y han terminado cambiando, redirigiendo y transformando nuestra vida cotidiana.

Uno de estos "atributos" espirituales de mayor relevancia para cada uno de nosotros es el de la autoridad; este es nacido en el corazón de Dios y toca cada aspecto de la vida: gobierno, la empresa, familia, la iglesia y la vida en general de las personas. Sin la autoridad, esta humanidad por lo mínimo se estancaría, conforme al patrón celestial. Por esa razón, si deseamos entender lo divino, celestial y espiritual, debemos saber que los pensamientos de Dios son opuestos y contrarios a los nuestros. Nosotros somos llamados a moldearnos y acoplarnos a Dios y las cosas suyas.

El mundo en que vivimos no es solamente natural, separado de lo espiritual, sino que está dentro de lo espiritual. Lo espiritual no fue hecho para lo natural, sino al contrario: lo natural y carnal vino después. Lo duradero, verdadero y eterno es lo espiritual.

No todo lo que vemos o experimentamos en su esencia natural es toda la realidad, sino que es la manifestación natural de algo espiritual. Por ejemplo, los problemas que vivimos diariamente a nivel personal, familiar o circunstancial, son muchos de carácter espiritual, aunque los podamos palpar con alguno de los siete sentidos. Sencillamente porque podamos sentir dolor, notemos que tenemos una llaga, o sea diagnosticado el problema por medio de rayos X, ultrasonido o cualquier otro tipo de examen médico, no necesariamente hace el problema natural.

Aceptar que lo natural afecta e influye sobre lo espiritual, es un punto al cual todos debemos llegar. Y si lo natural influye en lo natural, cuánto más lo espiritual definitivamente afecta lo natural. Lo que ha ocurrido en el ámbito espiritual, tarde o temprano termina sucediendo en lo natural. Cuando el enemigo de nuestras almas nos ataca, afecta nuestro cuerpo de no pudiendo progresar por la anarquía que reinaría en todos los niveles sociales de la humanidad.

Sin el marco de la autoridad no habría límites protectores que nos mantuvieran sanos y salvos a través de toda nuestra vida; no habría dirección ni relación entre nosotros. La autoridad es la que nos fundamenta en cada aspecto de nuestra vida, es el hilo que nos mantiene unidos y en una singular dirección como sociedad, familia y organización.

Interesantemente, la autoridad no debería ser algo foráneo o extraño a nosotros, porque cada uno de nosotros vivimos dentro de los lineamentos de una sociedad que lucha por mantener el orden y la estructura para lograr el éxito. Naturalmente, dentro de cada uno de nosotros hay una lucha entre el bien y el mal, determinando si estamos dispuestos a someternos y reconocer la autoridad que Dios ha puesto sobre cada uno de nosotros o no.

Cuando caminamos correctamente en genuina autoridad, podemos alcanzar y desarrollar mayor influencia sobre nuestras circunstancias y las personas que están a nuestro derredor. Dios también nos puede confiar una mayor autoridad sobre las cosas espirituales y la capacidad de atar y desatar en el mundo natural y Él nos respaldará en el mundo espiritual así como en el natural.

Capítulo I
PRINCIPIOS FUNDAMENTALES DE LA AUTORIDAD

Durante los inicios de su ministerio terrenal, Jesucristo llamó, preparó, capacitó y envió primeramente a los doce apóstoles y después a los setenta discípulos, con el propósito de   establecer el reino de Dios sobre la tierra. Él los envió a predicar el evangelio del reino (Marcos 3:14), expulsar demonios y a sanar a los enfermos (Mateo 10:1).

Como parte de esa comisión, Jesucristo les dio *autoridad... sobre todo el poder del enemigo* a sus discípulos (Lucas 10:19), la cual era necesaria y suficiente para cumplir con el mandato que Él les había dado. Comúnmente esta "autoridad" es considerada como algo "espiritual", debido al uso y aplicación espiritual y sobrenatural. Conforme a la Palabra de Dios, esta autoridad "espiritual" también está sobre todo el poder de Satanás, los espíritus inmundos, la totalidad del reino satánico, toda enfermedad con causas naturales o sobrenaturales y aun la naturaleza misma; claro está, de manera limitada a la necesidad que está por delante.

Principios Fundamentales de la Autoridad

Para entender el principio fundamental de la autoridad, es importante abrir nuestra mente y ver que toda autoridad, sea de carácter "espiritual" o "natural", es realmente espiritual, porque proviene única y singularmente de Dios. Es el Señor la única fuente de autoridad y no hay autoridad sino de Dios, y las que existen, por Dios son constituidas (Romanos 13:1). Toda persona que está en autoridad, sea gobernante, maestro, jefe empresarial, pastor, padre o creyente, está desarrollando y utilizando la autoridad delegada por Dios sobre su vida. Esta autoridad no se le puede conocer por otro nombre sino el de autoridad espiritual, porque proviene de la misma fuente: Dios mismo.

Muchas veces hemos querido creer que Satanás tiene autoridad personal, pero la que él usa y que comparte con sus seguidores y aliados no es autoridad sino poder o fuerza explosiva (dunamis). El poder de Satanás sólo funciona por medio de la intimidación, manipulación, condenación, coacción y otras formas de control, las cuales confunden a muchos cristianos y los hacen pensar que el uso de estas mismas cosas es una manifestación de la autoridad genuina.

Lamentablemente, padres creyentes, líderes cristianos y los mismos siervos de Dios, no comprenden el uso de la verdadera autoridad y por ende, terminan usando y manejando variaciones del poder "satánico" dentro de su marco de influencia y sobre las personas que más bien deberían estar guiando en una genuina autoridad y amor. Muchos de estos líderes, lamentablemente, motivados por el amor al poder, temores en sus vidas y la búsqueda de vanagloria, están dispuestos a recurrir a cualquier método antibíblico para mantener su influencia sobre otros, para hacer que ellos hagan lo que desean o simplemente buscar resultados.

La autoridad espiritual no necesita fundamentarse en estos métodos para llegar a cumplir con el llamado y la responsabilidad que se tiene. Por esta razón es que en el pasado, el presente, y probablemente en el futuro, seguiremos viendo tanto abuso en los marcos de autoridad, porque muchas personas son llevadas cautivas, por falta de un verdadero conocimiento de los principios y limitaciones que Dios ha establecido en la autoridad.

El principio inmutable de la autoridad

Uno de los principios fundamentales para comprender el genuino uso de la autoridad es la utilización de ella en los diferentes ámbitos de la vida: "naturales y espirituales". Son los principios que usamos para mantener y edificar nuestra autoridad en el día a día, los mismos que utilizamos en cada una de las diferentes áreas del quehacer diario.

La autoridad es necesaria para cumplir con nuestras responsabilidades, sea en la familia o en otras áreas. Por su parte, la corrección y el consejo son fundamentales en el uso de esa autoridad. Muchos que están en posiciones de autoridad, aun con las mejores intenciones, usan equivocadamente del maltrato y la violencia en un intento por establecer su autoridad. Sin embargo, estas manifestaciones de autoridad (correctas o incorrectas) determinarán cómo se desenvuelve la autoridad, sea a nivel familiar o ministerial, junto a las personas que Dios ha puesto bajo nuestro cuidado.

Esto nos lleva a lo que yo llamo el "principio inmutable de la autoridad". Inmutable porque no cambia, aun cuando las situaciones y los problemas pueden cambiar. Por esta razón, se pueden usar ejemplos tomados de los diferentes marcos de la vida, que pueden aplicarse correctamente a otras áreas, sea política, empresarial, familiar, eclesiástica o personalmente.

El principio inmutable de la autoridad espiritual se maneja en la misma forma y con los mismos principios en los diferentes niveles naturales y espirituales de la vida. Usando los mismos principios son útiles y aplicables siendo padres en el hogar, ejerciendo uno de los cinco ministerios o desarrollando una función laboral en el ámbito secular.

Si como padre yo hago uso del abuso verbal o físico en mi hogar para tener a mis hijos bajo "control" o para que me obedezcan completamente, eso no es autoridad real sino autoritarismo; fácilmente comprenderíamos que eso derrumbaría mi autoridad en el hogar. Las mismas cosas que edifican mi autoridad en el hogar son las que yo puedo implementar en el ministerio para alcanzar mayor autoridad. Esto es lo que llamamos un principio inmutable.

La autoridad, así como muchos de los principios bíblicos, nos muestra una perfecta relación entre lo natural y lo espiritual. Aunque no lo creamos, lo espiritual no refleja lo natural sino al revés: lo natural siempre refleja los principios espirituales que Dios ha establecido. Es por medio de lo natural que nosotros aprendemos correctamente a usar los principios espirituales. En otras palabras, lo natural se ha vuelto nuestro tutor para perfeccionarnos en maneras en que debemos manejar los principios espirituales.

La Biblia habla del que anhela obispado [oficio de pastor o anciano en la iglesia] (1 Timoteo 3:1), y nos dice que como requisito para obtener y mantener su autoridad en la iglesia, el ministro debe imprescindiblemente aprender a "gobernar" su propio hogar (v.4,5). La fidelidad en esos principios es esencial para llegar a tener una verdadera autoridad "espiritual" dentro del cuerpo de Jesucristo, el cual es manejado íntegramente con principios espirituales. Esencialmente entendemos que estos principios son aplicados y edificados simultáneamente en todas las áreas de nuestra influencia personal.

La Palabra nos muestra que lo que atamos en la tierra, será atado en los cielos (Mateo 16:19), demostrándonos la íntima relación entre lo espiritual y lo natural. Cuando caminamos correctamente en lo natural, Dios actúa juntamente con nosotros, estableciendo y engrandeciendo la influencia que Él nos ha dado.

El principio de la ley de la siembra y la cosecha

El mundo natural y espiritual no está tan lejos el uno del otro. Bíblicamente entendemos que lo que hacemos en el mundo natural influirá y determinará muchas cosas en el mundo espiritual. Esto lo vemos en las diferentes formas en que los creyentes caen en las garras del enemigo y son llevados cautivos y oprimidos por las fuerzas demoníacas, cuando una persona viola alguna de las leyes o principios en el mundo natural; el resultado es que tendrá repercusiones espirituales. Fácilmente lo podemos notar cuando en la vida de un creyente no hay dominio propio y se deja controlar y llevar por sus propios deseos y pasiones, los cuales si no son tratados en su vida, pueden abrir puertas para que el enemigo controle las diferentes áreas de su vida.

Encontramos ejemplos dentro de la Palabra que nos enseñan claramente que las acciones naturales tendrán repercusiones espirituales; no se pueden separar una de la otra; ambas están íntimamente ligadas. En el libro de Lucas 16:11 encontramos: si no habéis sido fieles en el uso de las riquezas injustas, ¿quién os confiará las riquezas verdaderas? Dios sabe que nuestra infidelidad en el mundo natural nos llevará a una verdadera limitación en el mundo espiritual. Así también mis acciones de rebelión espiritual o pecado en general pueden acarrear consecuencias naturales, tales como enfermedades y limitaciones, o aun permitir alguna opresión demoníaca en mi vida.

De esta misma manera, debemos saber que mis acciones, negativas o positivas, tendrán influencia sobre la forma en que yo puedo mantener y edificar mi autoridad. Esto lo conocemos comúnmente como el principio de la "siembra y la cosecha". Todo lo que yo haya hecho o está haciendo actualmente, traerá resultados positivos o negativos en todos los marcos de mi vida personal, espiritual, familiar y empresarial.

La autoridad es una herramienta necesaria

Otro de los aspectos importantes de la autoridad es que es una herramienta que Dios nos ha dado para cumplir con su propósito en nuestra vida. Sea que estemos en cualquiera de los niveles de autoridad, como ya lo hemos dicho, "natural o espiritual", necesitamos obtener y desarrollar la autoridad. Sin la autoridad delegada por Dios sería imposible cumplir con la comisión que se nos ha encomendado. Así como un padre debe criar, educar y disciplinar a sus hijos; un gobernante debe dirigir y juzgar a un pueblo; un pastor debe pastorear, cuidar, guiar y ayudar a las ovejas, al igual que todo creyente debe colaborar en establecer el reino de Dios sobre la tierra, ninguno de ellos puede hacerlo sin la autoridad delegada por Dios.

Sin la autoridad dada por Dios a sus hijos sería casi imposible el poder hacer frente a la constante guerra espiritual en contra de las huestes de las tinieblas alrededor nuestro. Sin esta autoridad seríamos incapaces de estar firmes en contra del ejército de Satán.

Es inconcebible que Dios nos llame y envíe a cumplir con su llamado y no nos dé las herramientas necesarias para hacerlo. En la misma forma, Dios ha puesto en nuestras manos la herramienta de la autoridad. No sólo es importante que aprendamos y entendamos los usos y abusos de la autoridad, sino que en cada paso que demos dentro de la autoridad estemos conscientes de los ingredientes y las formas en que lleguemos a edificar nuestra vida y la de los que están bajo nuestro cuidado.

Si deseamos andar en autoridad en nuestro hogar, ministerio u otros lugares, debemos comenzar desde hoy a implementar los buenos principios de autoridad que Dios nos ha dado en las Escrituras. La autoridad es para el beneficio de aquellos que Dios nos ha dado, para su edificación y no destrucción (2 Corintios 13:10). Pero si persistimos en aprovechar nuestra posición para manipular, abusar y controlar egoístamente a esas personas, limitaremos nuestra autoridad, la cual es indispensable para cumplir con el llamado que Dios ha puesto en nosotros.

Capítulo II
DEFINIENDO LO QUE
ES LA AUTORIDAD

Para comprender clara y concisamente lo que estamos hablando y tratando de transmitir, debemos de iniciar conociendo su trasfondo gramatical y bíblico. Las palabras son sumamente importantes en la comprensión de lo que se está leyendo. Lamentablemente, cada persona trae a la mesa sus experiencias de la vida, educación y concepción del mundo, así como el trasfondo bíblico-teológico. Cada persona, muchas veces, ve lo que quiere ver y lo entiende a su propia manera, como reza el dicho: la percepción es su realidad. De tal forma que es necesario que definamos las palabras correctamente y ellas nos ampliarán el concepto de la "autoridad".

La misma palabra "autoridad", bíblicamente hablando, se deriva de la palabra griega exousia, que es definida como "poder o derecho legal". Esto significa que la persona o personas que están actuando en conformidad a los principios de autoridad, tienen el poder y el derecho legal sobre cosas, propiedades y a la misma vez, sobre personas. En el caso del hogar, a la potestad legal que los padres tienen se le llama "patria potestad".

Definiendo lo que es la Autoridad

Este mismo sentido puede ser aplicado a las palabras "ley" y "lícito". La palabra "ley" nos habla de un cerco de protección que ha sido establecido para el cuidado de dichas cosas o personas. Este cerco no es para controlar o limitar sino para proteger de cualquier peligro que pudiera avecinarse. No es para mantener a la gente dentro de ese marco, como si fuera una cárcel, sino primariamente para no permitir que los peligros exteriores entren. Cuando Dios estableció la Ley en el Antiguo Testamento, lo hizo con la intención de crear un ambiente de protección alrededor de Israel y no para tratar de manipular y controlar todos los aspectos de sus vidas, buscando de esa forma que cada persona llegase a vivir todo el potencial que Dios mismo puso dentro de cada uno de ellos.

También en las Escrituras encontramos la palabra dunamis, que pudiera confundirnos si no es comprendida correctamente. Exousia, lo cual significa poder legal, es muy diferente a dunamis, que es un poder dinámico o activo. De dunamis derivamos las palabras en el Castellano como: dínamo, dinámico, dinamita, las cuales hacen referencia a una energía, potencia o fuerza (ver Lucas 9:1). En otras palabras, es un poder por medio de la fuerza. Cuando caminamos en dunamis estamos andando en todo el poder de la fuerza de Dios y no en la nuestra (Efesios 6:10); vivimos bajo la unción de Dios sobre nuestras vidas. Cuando nos movemos en la exousia estamos comandando y creando una reacción en el mundo tanto natural como espiritual, pero sin haber levantado un solo dedo; eso por estar caminando en autoridad genuina.

Veamos ahora varios ejemplos de autoridad, derivadas por sus mismos sinónimos y definiciones:

Autoridad es influencia:

La autoridad está definida dentro de todas las esferas de un liderazgo. En otras palabras, no puede existir un verdadero liderazgo sin autoridad. En muchos de los libros que hablan del tema del liderazgo, una de las definiciones más fuertes del principio de liderazgo y la autoridad, es la INFLUENCIA. Donde hay liderazgo siempre se caracterizará por su influencia. El líder guía por su influencia, no por la fuerza, el control, la manipulación ni por carismas personales. Así como Jesús mencionó que sus ovejas oyen su voz y le siguen (Juan 10:4), en la misma forma el que camina en autoridad lo hace porque tiene influencia en la vida de sus seguidores.

La influencia es una reacción natural de la autoridad; el que tiene autoridad lo manifestará porque influye en la vida de otros. La influencia es la mejor manera de conocer las esferas y las limitaciones de nuestra autoridad. No podemos guiar a otros si no tenemos influencia sobre ellos. La influencia no es un derecho sino algo que nos ganamos por la manera en la cual andamos delante de Dios y los hombres.

Autoridad es facultad:

Facultad es la habilidad, sea natural o espiritual, que lleva a una persona a caminar en la autoridad.

Definiendo lo que es la Autoridad

Debemos comprender que una cosa es que alguien tenga autoridad, y otra es que camine con esa autoridad. El que tiene autoridad también debe tener la facultad de utilizarla, comprendiendo que tiene el derecho, la autorización y el permiso, dados por un superior, sea este el dueño, un padre o Dios mismo. Podríamos decir entonces que la autoridad es como un permiso escrito, el cual nos da el derecho para entrar dentro de una propiedad; en otra forma, tenemos la llave para abrir la puerta.

Miremos este ejemplo familiar para entender mejor:

Todo padre tiene como derecho entrar a los cuartos de sus hijos, haya necesidad o no. Cuando lo hace es con el fin de cumplir con sus responsabilidades, porque todos los padres tenemos el llamado de cuidar, guiar y proteger la vida de nuestros hijos. Hoy en día los hijos reclaman un derecho de "privacidad", pero esto lo hacen para tener la libertad de hacer cosas que van en contrariedad a la voluntad y las instrucciones de sus padres. Entonces, use o no el padre ese derecho, eso no deshace el hecho de que tenga que pedir permiso o informarle a sus hijos que va a entrar a sus cuartos.

Autoridad es un don de mando:

En medio de una circunstancia difícil es donde notamos quién clara y verdaderamente es el que está en autoridad; eso es, porque es la persona que ha tomado el mando del grupo y de la situación que se está dando. En algunos casos, no es la persona que tiene el puesto, sino que hay otra que se ha ganado el derecho a que los demás le sigan. La autoridad nos lleva a tomar el timón de las situaciones difíciles y resolverlas, tomando decisiones que para muchos son delicadas y controversiales, porque esa es la responsabilidad del que está en autoridad.

Autoridad es dominio:

En el Castellano tenemos el dicho agarrar el toro por los cuernos. Esto no es muy diferente de lo que debe y tiene que hacer una persona que camina en autoridad; tiene que controlar aun las circunstancias más indomables. Ese no es el momento para actuar con temor o inferioridad, sino mostrar su señorío y superioridad sobre lo que se está enfrentando. En muchos casos los problemas no son circunstancias sino personas rebeldes y contradictorias a las que hay que "domar".

Naturalmente, esto no se hace por la fuerza "bruta", por carisma humano o por el uso del poder, sino por medio del manejo correcto de la autoridad, balanceando correctamente el uso de la disciplina, los límites y los principios correctos de la autoridad.

La persona que está en autoridad debe también saber dominar primeramente sus actitudes, palabras y acciones, antes de tener el derecho de gobernar sobre otras cosas o personas. Las Escrituras llaman a esto dominio propio, porque sin el dominio propio podemos ser armas destructivas que matan, arrasan y limitan a los demás, porque ellos mismos están viviendo fuera de control. Se dice que las pistolas no matan sino que son las personas que las usan. De la misma manera, en vez de ser bendición para otros, podemos llegar a ser de gran maldición sobre la vida de aquellos que nos oyen y siguen.

Autoridad es jurisdicción:

La palabra jurisdicción es un término legal que denota un área específica de influencia legal, sea geopolítica, familiar o especifica, tal como, por ejemplo, un aula educativa. La autoridad del presidente de una nación es demarcada por su jurisdicción, la cual, naturalmente, la conforman las fronteras del país. Él no tiene autoridad sobre un territorio fuera de su país, sino solamente por lo que comprende el territorio nacional.

La jurisdicción nos detalla algo más sobre la autoridad, especificándonos que no hay autoridad humana que sea "ilimitada", sino que está limitada por su propia jurisdicción. Esto nos lleva a recordar que el límite principal de la autoridad es la responsabilidad, la cual establece automáticamente su jurisdicción.

Podríamos analizar la relación que hay entre un pastor y un miembro de su congregación. Sabemos que hay personas que asisten regularmente a una congregación, pero que no se comprometen totalmente. Hasta ese momento, para ellos el pastor podrá ser simplemente un predicador, pero no su pastor, porque ellos no han declarado su voluntad de pertenecer a esa iglesia, y consecuentemente, no le han dado al pastor el derecho jurisdiccional sobre sus vidas, poseyendo así el mismo derecho de tener injerencia en los aspectos tanto naturales como espirituales de sus vidas. ¿Podría ser esta la razón del porqué las oraciones de algunos pastores no surten efecto, porque la misma gente no ha reconocido su autoridad espiritual sobre ellos?

La autoridad jurisdiccional no está limitada simplemente al ambiente geopolítico, familiar o educacional, sino que florece por medio de la influencia y el reconocimiento. El apóstol Pablo nos recuerda que había muchas personas en ese entonces que no lo reconocían a él como apóstol, pero la gente de Corinto sí, porque ellos eran el sello de su apostolado (1 Corintios 9:2). Por ser Pablo el fundador y apóstol de esa congregación, le daba a él la jurisdicción e injerencia sobre los asuntos pertinentes a la congregación que se encontraba allí.

Autoridad es gobierno:

Cuando estudiamos el mandato de Dios sobre los seres humanos en la creación, vemos que Él les dio autoridad dentro de las órdenes establecidas de "subyugar" y "ejercer dominio" sobre la creación. No podemos diferenciar el contexto de la autoridad de un gobierno. Nuestra autoridad es una forma limitada de "gobierno". ¿Cuántos de nosotros hemos oído a un padre decirles a sus hijos que el hogar no es una democracia sino un reinado? Constantemente comparamos el hogar con un gobierno, porque así lo es.

Un gobernante tiene la responsabilidad de regir, presidir, poner orden y, si es necesario, someter a los que están dentro del marco de su "gobierno". Naturalmente, este tipo de enseñanza no nos gusta, porque preferiríamos que se nos hablara sobre la libertad, la independencia individual y los derechos que cada uno tiene sobre sí mismo. Ese es el mensaje moderno humanístico que se presenta en las escuelas y a través de todos los medios públicos, sea la televisión, radio, periódicos y revistas. Lamentablemente, estos términos no tienen un respaldo bíblico. El único derecho que Dios y su Palabra nos da como individuos es el de que merecemos respeto y que no debemos ser abusados por nuestras autoridades.

Autoridad es administración:

Uno de los aspectos más importantes de la autoridad es la mayordomía bíblica, la cual establece que no somos dueños de lo que se nos ha dado por "autoridad", sino que le pertenece a otro, superior a nosotros. El mayordomo no tiene derecho sobre las pertenecías de otra persona, mas está limitado al cumplimiento de sus responsabilidades.

En los términos bíblicos, vemos cómo un mayordomo administra los bienes y la tesorería de otro. Esa administración lo lleva a tomar decisiones y supervisar lo que está ocurriendo, porque al final, es el responsable y tendrá que darle cuenta a su señor.

De nuevo debemos recordar que la autoridad es responsabilidad y que el mayordomo está sujeto al cumplimiento de sus responsabilidades. En el libro de Lucas encontramos que el mayordomo es llamado a dar las raciones a tiempo (Lucas 12:42), pagar los salarios, comprar la comida y manejar a los empleados. Su autoridad está delimitada por sus responsabilidades administrativas.

Un mayordomo es considerado infiel cuando abusa de su autoridad y de las personas que están bajo su cuidado. Naturalmente, tiene la responsabilidad de supervisar las finanzas y las personas dentro de su cuidado. En un ejemplo bíblico, el mayordomo (tutor y curador) tiene autoridad aun sobre la vida del príncipe del reino (Gálatas 4:1-3). El mayordomo debe darle cuenta al que lo llamó y le entregó la responsabilidad. Este entendimiento debería mantenerlo consciente de que es dependiente y llegará el día cuando tendrá que entregar cuentas de sus acciones, actitudes y decisiones.

Autoridad es poder de representación:

Reconocemos que toda autoridad es delegada por Dios, y todo aquel que camina y tiene autoridad representa a Dios en alguna forma u otra (Romanos 13:1-4, Éxodo 23:21). El término legal de dicha autoridad o derecho es el de "poder de representación", el cual es dado a una persona para figurar legalmente o actuar en nombre de otra persona durante una actividad, acción, tiempo definido o indefinido.

El mejor ejemplo que vemos de este principio es el caso de José. El Faraón le dio su propia autoridad sobre todo el reino (Génesis 41:40,41), y el símbolo de esa autoridad delegada fue su anillo real (v.42). En un tiempo donde la comunicación a través del reino era casi nula, donde no existía la Internet, correo electrónico, faxes, telégrafos, impresiones, publicaciones ni celulares, mucho menos fotos, probablemente en los primeros meses y años muy pocos conocían quién era José. Él tuvo la responsabilidad de poner orden y decretar nuevas leyes para aprovechar los escasos años de abundancia que vendrían sobre Egipto. Cada edicto estaba sellado por el anillo real, y cada persona que lo leía lo acataba. Aunque nadie conociera a José, reconocían el sello que validaba la ley. En una forma sencilla, era como si el mismo Faraón hubiera escrito el edicto.

En esa misma manera, cuando nosotros caminamos en genuina autoridad, representamos al que nos llamó y nos envió a esa responsabilidad. No necesariamente tenemos que ser "conocidos", porque el que nos envió y puso su nombre y honor dentro de nosotros, Él es quien debe ser reconocido. Este principio es aplicado fácilmente al hogar y a la guerra espiritual. En el hogar vemos cómo algunas veces la voz de la madre no es acatada por los hijos. En dicho hogar los hijos deben ser informados de que cuando ella habla, no está hablando simple o singularmente sino que es la misma voz, honor y autoridad del padre. Sus órdenes son las mismas órdenes del padre, como si él estuviera presente en el momento de haberse dado la orden.

Muchas madres, sin comprender este principio, cuando tienen problemas con sus hijos, les dicen: "espérense que regrese su papá". En ese mismo momento ella ya perdió su autoridad, porque ha sido incapaz de caminar con la autoridad que ya es suya, porque el nombre, honor y autoridad que reposa sobre el esposo también está sobre ella.

En el comienzo del éxodo israelita, Dios los apartó y les estableció un líder, su "mensajero", quien tenía la responsabilidad de introducirlos dentro de la Tierra Prometida. No solamente se le había entregado la responsabilidad, sino juntamente con el llamado se le dio el honor, la credibilidad y el "nombre" de Dios (Éxodo 23:21). Ese "nombre" representa la autoridad y derecho que Dios le había encomendado a su representante. Es como si Dios mismo estuviera actuando a través de la vida y las órdenes de esta persona.

En el mundo espiritual, vemos que cuando un creyente está batallando contra las huestes satánicas y está mandando al demonio a que salga de la vida de alguna persona, el mismo demonio podría cuestionar quién es esa persona y con qué derecho le ordena a los demonios (Hechos 19:15, el caso de los siete hijos de

Esceva). Ahora comprendemos que el creyente no está representándose a sí mismo, sino al que lo llamo y envió, al Señor Jesucristo. Por esa razón es que los demonios se someten a la voz y las órdenes de un creyente, porque aunque ellos no sean alguien, Cristo en ellos es suficiente.

El principio del límite de la autoridad:

Consideremos un aspecto muy importante sobre la autoridad: sus límites. Muchos maestros y escritores sobre el tema de liderazgo nos han definido que la marca y el límite principal de nuestra autoridad es la responsabilidad. En la misma manera, nuestra autoridad es definida y demarcada por la responsabilidad que llevamos sobre las personas que se nos han encomendado o han sido puestas bajo nuestra tutela.

Durante muchos de mis seminarios sobre temas de liderazgo y autoridad, he usado de vez en cuando un ejemplo que es aplicable en este momento:

Yo personalmente tengo varios sobrinos, pero sería imprudente que piense que tengo autoridad sobre sus vidas para corregirlos y aun disciplinarlos. Para eso están sus padres, a los cuales Dios ha encomendado la labor de criarlos, guiarlos, corregirlos y disciplinarlos. Aunque siendo su tío, yo no soy plenamente responsable de esos niños, mas puede ocurrir que de vez en cuando ellos vengan a pasar una noche a mi casa para visitarnos y jugar con mi hijo.

Al estar por un periodo de tiempo bajo mi responsabilidad, es lógico creer y asumir que en la misma manera tengo la autoridad de aconsejarlos y corregirlos en las cosas que son pertinentes para ese momento, durante su estadía en mi casa.

Al estar ellos bajo mi responsabilidad, automáticamente estarán bajo mi autoridad por un tiempo y espacio determinado. En la misma manera podemos aplicar este principio a todos los aspectos de las relaciones donde hay o debe de haber autoridad. Si alguien desea usar autoridad, primeramente tiene que determinar si tiene responsabilidad sobre dicha cosa o persona.

Este aspecto de la autoridad se maneja claramente en el ámbito natural. Entendemos que la autoridad de un Presidente está limitada a las fronteras geográficas nacionales. La autoridad de un maestro se establece durante el periodo de su clase, siendo el marco de su autoridad no geográfica sino de tiempo determinado. La autoridad de un empresario o supervisor está limitada a su posición dentro de la empresa y al tiempo que las personas están trabajando. En la misma manera, la autoridad de un pastor o responsable de una congregación local es sobre las personas que han hecho suya dicha congregación, los cuales han expresado y ratificado su voluntad de ser miembros de esa congregación con un voto, la firma de un compromiso de membrecía, o simplemente al traer sus diezmos y ofrendas a esa congregación local o cuando participan de las diferentes actividades.

El principio de la fidelidad y la autoridad

Nadie puede desear obtener autoridad sin que primeramente sea fiel a sus responsabilidades. Es esa fidelidad la que nos hace dignos de la autoridad que pudiéramos obtener. La fidelidad en nuestras acciones, actitudes y responsabilidades, nos permite que Dios pueda poner sobre nosotros el llamado y el manto de autoridad.

Sin haber cumplido con las responsabilidades que cada persona tiene, sean pequeñas o grandes, ningún gobernante, maestro, padre, ministro, líder o el creyente mismo, puede lograr alcanzar ni mucho menos mantener la autoridad que necesitará para el cumplimiento sus labores. Es la fidelidad la que nos hace dignos de caminar y usar de la autoridad.

Un padre irresponsable, nunca (repito, NUNCA) podrá caminar en autoridad con su esposa e hijos, porque ha violado el primer principio fundamental de la autoridad. Es la fidelidad a su responsabilidad la que lo hace digno de usar de la autoridad. Lamentablemente, muchos padres irresponsables dejan la senda de la autoridad. Usando del poder fácil y deplorable para manejar y dirigir sus hogares, hacen que sus hijos y esposas les obedezcan por temor a la violencia (verbal, física, emocional y espiritual) que ellos son capaces de utilizar si no cumplen con sus deseos.

Nosotros quisiéramos establecer un modelo de la persona ideal en el uso y el manejo de la autoridad. Lo que debemos mantener siempre en mente es que Dios da la autoridad al que Él desee. Muchas veces encontramos en las Escrituras que Dios llamó y usó a las personas que nosotros mismos nunca usaríamos o llamaríamos. Eso lo decreta Dios, con el propósito de que Él singularmente sea glorificado en nosotros, para que ninguno de nosotros podamos gloriarnos en lo que somos o hacemos.

En realidad, cada uno de nosotros deberíamos sentirnos halagados porque Dios nos haya llamado y apartado para encomendarnos una porción de su autoridad, no porque seamos buenos, justos o dignos, sino porque simplemente Él se plació en escogernos.

Muchas veces Dios ha escogido al vil e inútil a los ojos de la sociedad, al pequeño y al inmerecido para derramar su autoridad sobre ellos. En cada caso que podría mencionar, desde los reyes de Israel hasta los grandes hombres y mujeres de Dios a través de toda la historia, fueron en realidad personas llenas de debilidades y flaquezas, hasta nosotros como padres, maestros, gobernantes, ministros y creyentes. Dios nos usa porque desea que nosotros reconozcamos constante y permanentemente nuestra dependencia de Él dentro de nuestro liderazgo y responsabilidades.

Nunca creamos que nosotros somos los dignos, sino que en nuestra vida, responsabilidades y autoridad podamos honrar a Dios, caminando correcta y entendidamente en la autoridad que Dios nos ha encomendado y establecido.

De esta manera, lo que hacemos con la autoridad que Dios nos ha dado ya es nuestra responsabilidad, y nosotros debemos de luchar por llegar a ser los líderes, dentro de todas las esferas de nuestra influencia, que Dios pide y espera de nosotros, usando correctamente los dones y las herramientas que Dios ha puesto a nuestra disposición.

Capítulo III
EL ORIGEN DE LA AUTORIDAD

Debemos reconocer que todo lo que hay a nuestro derredor tiene un comienzo o un lugar de partida. En la misma forma, la autoridad comienza en Dios, Él es la fuente eterna y fuera de Él no existe autoridad (Romanos 13:1-4). Toda autoridad humana se deriva en una forma directa o indirecta de Dios mismo. Él ha sido quien la ha instituido, sea directamente o delegado por medio de otras personas.

La autoridad de Dios es ilimitada, absoluta y universal. Como creador y sustentador, Él está en todo lugar y todas las cosas existen por lo que Él es. Fuera de Él no existe gobierno o autoridad; de Él emana la autoridad.

Dios se ha revelado a nosotros en diferentes formas y maneras, pero la más importante es por medio de su tri-unidad, en la cual nos revela las diferentes características de quién es Él. Dios como creador y sustentador no necesita que se le reconozca, mas Él nos ha mostrado que cada una de sus manifestaciones tiene la misma autoridad e influencia dentro de la divinidad.

El Origen de la Autoridad

Su nombre "Yaweh" es traducido e interpretado en diferentes formas, tales como: Jehová, Dios, Señor, etc. Por medio de estas palabras en el Castellano, entendemos y aprendemos que el Padre, el Hijo y el Espíritu Santo mantienen la unidad y, a la misma vez, la singularidad de su autoridad. Jesucristo lo recalcó cuando dijo que el que lo mira a Él también ve al Padre (Juan 12:45). Esto nos demuestra ese mismo principio de representación en la autoridad.

Cada uno de los nombres de Dios, aunque sean diferentes, realmente no cambia la definición de que Él es y sigue siendo Amo, Dueño, Rey, Soberano y Señor de todo lo que existe y fue creado.

En las Escrituras vemos cómo el Dios Padre lleva sobre sus hombros la autoridad completa de la divinidad (ver Hechos 17:24; Juan 19:11; Santiago 1:7). Él lidera en su soberanía todas las cosas, y por su voluntad existe todo lo que fue creado.

Aunque no tendríamos problemas en creer con certeza que Dios Padre lleva consigo toda autoridad, en una manera algunos de nosotros podríamos considerar que el Espíritu y el Hijo son expresiones "inferiores" de la divinidad. Aunque suene incongruente, analizándolo personalmente es entendible por qué algunas personas podrían verlo de esa manera. Es lamentable que esto no sea enfatizado teológicamente, aunque dentro de la divinidad hay una singularidad: nuestro Dios, El Señor uno es (Deuteronomio 6:4). Humanamente queremos verlo en diferentes niveles y posiciones, mas desde la perspectiva divina es una unidad perfecta y absoluta.

Debemos comprender que entre el Padre, el Hijo y el Espíritu Santo no hay diferencia de calidad e influencia, aunque sí la hay en cuento a la forma en que los tres se manifiestan y trabajan en este mundo y entre nosotros. Ellos llevan el mismo honor y derecho, el uno del otro, porque se representan mutuamente. El Espíritu no solamente viene de Dios Padre sino que es declarado como "el Espíritu de Cristo" (Romanos 8:9). De la misma manera, el que ve al Hijo ve también al Padre, quien lo envió (Juan 12:45).

Para algunas personas el Espíritu no es nada más que un "siervo glorificado", el que lleva y trae para Dios. Aunque usted inconscientemente sienta eso, no cambia el hecho de que el Espíritu Santo es cien por ciento Dios, con todos sus derechos y atributos, el cual puede hacer como le plazca con nosotros y con esta humanidad.

En la Palabra encontramos que el Espíritu, el cual conocemos, porque viene de Dios, es Señor; en el pasado lo fue, en el presente lo es y en el futuro lo será. Él puede "mandar" (Hechos 13:2,4), "llamar" (Hechos 13:4) y "prohibir" (Hechos 16:6,7).

Aun si quisiéramos profundizar un poco dentro de este punto, deberíamos considerar que al Hijo se le ha entregado "toda" autoridad, potestad y dominio sobre todo lo que existe. El Padre le ha cedido su lugar de honor e influencia en toda la creación (Mateo 28:18), sentándolo en el lugar de preeminencia sobre todas las cosas que existen dentro del reino de Dios.

Con Jesucristo las cosas cambian un poco más, porque Él es una combinación perfecta entre lo divino y lo humano. Nunca ha dejado su divinidad, pero tomó sobre sí verdadera humanidad (Filipenses 2:6,7), para que así pudiera cumplir con el plan de Dios de proveer en sí mismo la manera de satisfacer la justicia de Dios, vivir una vida ejemplar digna de imitar y, al final, morir una muerte redentora en la cruz por cada uno de nosotros.

En la Biblia encontramos varias comparaciones que nos ayudan a comprender este principio, tal como los nombres que Jesucristo se dio a sí mismo: "Hijo de Dios", "Hijo del Hombre", "Unigénito" y "Primogénito". En realidad dos de ellos conllevan su función como hombre, nacido de mujer, revestido de debilidad, el cual es necesario en el cumplimiento de su papel y llamado como Salvador. Los otros dos nos hablan de su lado eterno y divino, la unión perfecta entre lo humano y divino conjugados en sí mismo.

Dios, en su manifestación salvadora de Hijo, no es diferente del Padre y el Espíritu. En el Hijo se manifiesta la tri-unidad de Dios por medio de su nombre: el Señor Jesús Cristo. Jesús (Hijo) tiene todos los derechos y honores de ser "igual a Dios", con toda la autoridad que eso conlleva (ver Hechos 2:36; 10:36; Romanos 14:9; 10:9,12; 1 Corintios 12:3 y Filipenses

2:9-11). Su nombre humano Jesús está lleno de honor y respeto, porque no hay otro nombre dado a los hombres, por medio del cual podamos llegar a Dios. Él es el Cristo, el Mesías, ungido por el Espíritu de Dios para el cumplimiento del plan eterno de Dios, llevándolo a la cruz para salvar a la humanidad de las tinieblas eternas.

Su título y nombre de Señor denota el honor completo de la tri-unidad de Dios, porque Él no solamente es el creador y sustentador, sino también Señor sobre todas las cosas. Como Señor es el enviado y representante del Padre.

El nombre Jesucristo (como hombre), lo consideraremos un poco más adelante, en un capítulo posterior.

En conclusión, debemos entender que sobre todo lo que existe hay tres autoridades supremas: la de Dios mismo, la de su Palabra y la de la conciencia. No nos confundamos; recordemos que la autoridad es singular en su naturaleza; el que la tiene la posee en todos los ámbitos de la vida, mas el que no la tiene, por haberla perdido, no la ostenta en ninguna de las áreas de su vida.

Ya establecimos que Dios mismo es la autoridad suprema. Podríamos añadir a todo esto que la misma Palabra de Dios es una de estas autoridades supremas. Nada que no esté incluido en la Palabra, o todo lo que esté excluido por la Palabra podrá ser aceptado o reconocido. Ninguno está obligado a obedecer dichas órdenes o leyes.

En la misma forma, hay personas que desean actuar autoritativamente, mas están invalidando, contradiciendo o añadiendo a la Palabra; en esa acción están cancelando su propia autoridad. Cuando un padre le pide a su hijo que haga algo que está invalidando la autoridad de la Palabra establecida, automáticamente está socavando y destruyendo lo poquito de autoridad que le queda.

Como un músculo, la autoridad puede ser ejercitada, adiestrada y engrandecida. Mas si no es utilizada correctamente, puede dañarse, limitarse e inhabilitarse, de tal forma que se le quitaría toda su capacidad de cumplir sus propósitos.

Lamentablemente, hay muchísimos líderes que actúan de esa manera, manipulando a las personas con distorsiones bíblicas, usando versículos para su propia conveniencia, forzando a los demás por medio de la coacción, el engaño y la mentira, contradiciendo la verdad de Dios, cancelando de esa manera su influencia y autoridad, que en algún tiempo habían recibido de parte de Dios.

También, algunas personas con influencia pueden invalidar la tercera de las autoridades supremas, la de la conciencia renovada por Dios. Dentro de ella Dios ha escrito su ley (Romanos 2:12,14-16 y 14:5,6), y por medio de la conciencia Dios redarguye y confronta a los individuos, instándolos a vivir y decidir voluntariamente a seguir los pasos y los principios que Dios ha determinado para sus vidas.

Aun en los casos más extraños y difíciles, donde la conciencia todavía no ha sido desarrollada plenamente, podemos encontrar esa ley. Cuando una criatura ha sufrido algún ataque físico o sexual a manos de un padre u otra persona que represente alguna forma de autoridad, dentro de sí misma, en su conciencia, aunque aun no formada completamente, ya sabe y siente que lo que se le ha pedido hacer está incorrecto. Un individuo que hace algo así invalida no solamente su autoridad con esa criatura, sino también en forma general. A estos tipos de personas que no valoran la autoridad que Dios les entrega por su gracia, les es quitada.

No nos debe sorprender que cuando hacemos lo que es contrario a los principios divinos o actuamos en oposición a las autoridades superiores perdamos, el respeto y el reconocimiento de dichas personas, y naturalmente, el de Dios mismo.

Capítulo IV
EL LUGAR DONDE
ENCONTRAMOS
NUESTRA AUTORIDAD

Toda autoridad nace y comienza en un solo lugar, Dios. Él es la fuente de toda autoridad y se la da a quien desee. Así como la autoridad es recibida, también puede ser dada, transferida y delegada a otras personas.

En ese principio, Dios le ha entregado TODA autoridad a Jesucristo, no simplemente por ser eternalmente Dios, sino por su obra redentora y victoriosa en la cruz del Calvario.

Para muchos de nosotros esto puede ser muy confuso, porque pensamos en el nivel de dicha autoridad y consideramos que Jesucristo la tiene, por ser Dios. Debemos hacer memoria de que Jesucristo no se aferró a su divinidad sino que se despojó de ella (Filipenses 2:6,7). Yo creo que para cumplir su llamado redentor, Jesucristo nunca usó o apeló a su divinidad sino que se limitó a su humanidad para que así pudiera enfrentar en sí mismo toda tentación, dolor y sufrimiento, llevándolo a entender y compadecerse de todas nuestras flaquezas porque Él también estaba rodeado de debilidad. Si Jesucristo hubiera apelado en alguna forma a su divinidad, nunca hubiera podido ser verdadera y genuinamente tentado, ni hubiera sentido debilidad, dolor o angustia; mas todo lo dejó y soportó por amor a nosotros.

Su vida victoriosa la alcanzó con la unción y fortaleza del Espíritu de Dios, mostrándonos que nosotros también podemos alcanzar el llamado de Dios de vivir una vida santa, perfecta y en victoria. De esta misma forma también nos ha dado la capacidad, con la llenura del poder del Espíritu, de hacer mayores cosas que las que Él hizo. Estas no solamente serían mayores en número, sino por su apoyo y respaldo, también en calidad.

Jesucristo hombre no sólo vivió dependiendo constantemente de Dios, sin hacer o decir nada que el Padre no le mostrara, sino que también alcanzó a satisfacer la demanda justa de Dios para el pago de los pecados.

Por esa razón Dios le dio "un nombre que es sobre todo nombre"; le dio honor, reconocimiento y, con todo, la autoridad de Dios mismo sobre todas las cosas, sean celestiales, naturales, en la tierra y debajo de la tierra. Esta autoridad no es la que Jesucristo (Hijo) tenía en sí mismo como creador y sustentador de todas las cosas, sino la imputada y delegada por Dios. Él mismo testificó: "toda autoridad me es dada". Jesucristo Dios no tenía necesidad de eso, mas como hombre necesitaba que se le delegara la autoridad.

Esta autoridad es la primera y suprema delegación de autoridad dada por Dios sobre todas las cosas creadas existentes. El Padre literalmente se apartó de su trono y dejo que el Hijo tomara ese lugar.

Muchos que fundamentan su doctrina sobre el cielo y el trono, han basado sus conclusiones sobre pensamientos y creencias nacidas en el catolicismo romano, que enseña que en el cielo estaba Dios-Padre en el trono central mayor; a su derecha está el Hijo y al otro lado María y el Espíritu como una paloma volando delante de los tronos. Naturalmente, vemos también otros veinticuatro tronos de los ancianos que Dios ha escogido para que gobiernen en el cielo.

Lamentable para los que así creen, la Biblia no sustenta dichas doctrinas. Indudablemente, usted estará en este momento argumentando sobre los versículos que mencionan "la diestra" de Dios. Le invito a que me acompañe momentáneamente a analizar dichos versículos bíblicos.

Es verdad que la Biblia dice que Dios llamó a Jesucristo y le dijo: "Siéntate a mi <u>diestra</u> hasta que ponga a todos tus enemigos por estrado de tus pies". Para muchos de nosotros Dios se está refiriendo a su derecha. El grave problema con esto es que estamos viéndolo desde el punto de vista de que la mayoría de los humanos son derechos y no zurdos. Me pregunto: ¿Qué es Dios, derecho o zurdo?

Debemos reconocer que la mayoría de los versículos que hablan de la "diestra" no se están refiriendo directamente a la derecha sino a otras cosas. La diestra tiene diferentes significados, tales como: "destreza" (Salmos 137:5), habilidad (Salmos 144:8), y en el caso de los apóstoles de Jerusalén, significa una posición de honor al lado de todos los demás apóstoles, cuando a Pablo se le ofreció la diestra de compañerismo (Gálatas 2:9).

En cuanto a la diestra de Dios, vemos por ejemplo: su diestra "hace valentías", "es majestuosa en poder" (Éxodo 15:6), "permanecerá firme" (Salmos 16:8), nos podemos refugiar en su diestra (Salmos 17:7), nos sostiene (Salmos 18:35), es "potencia salvadora" (Salmos 20:6), está "llena de justicia" (Salmos 48:10; Isaías 41:10), es exaltada (Salmos 89:13), nos ha dado constantemente la victoria (Salmos 98:1), en cualquier momento nos "asirá" (Salmos 139:10) y es la que hace proezas (Salmos 118:15,16).

Es interesante que "su diestra" es sinónimo de un escogido, en el caso del rey Ciro (Isaías 45:1); nos habla, además, de su respaldo (Isaías 63:12) y también es la que nos castiga y corrige (Habacuc 2:16).

En cuanto a nuestro Señor Jesucristo, vemos un panorama diferente. Por ejemplo, la Palabra menciona primeramente que Dios está a la diestra de Jesucristo (Salmos 110:5), Dios es el que nos fortalece a través de Jesucristo, que es su diestra (Salmos 80:17), y en la visión de Esteban, notamos que ve a Jesucristo a la diestra de Dios, pero lo ve parado (Hechos 7:56).

Vemos entonces que Jesucristo no es que esté sentado a la derecha de Dios sino que Él tiene todo el honor, el poder, la gloria y el reconocimiento de Dios como escogido y enviado de Dios mismo. Aquí es donde hacemos relevante este principio dentro del contexto de la autoridad espiritual, porque en Jesús se manifiesta completamente la autoridad delegada por Dios. Él recibió la autoridad de parte del Padre, sentándose así sobre el trono de Dios (1 Pedro 3:22).

En el panorama de Apocalipsis, Juan el amado nos muestra que en el cielo solamente hay un trono prominente y uno sólo está sentado, el cual es Jesús (Apocalipsis 4:2,3,8,11), porque recibió su autoridad por medio de la delegación directa del Padre. Para nosotros eso significa que cuando Jesús actúa en virtud de su autoridad, Dios está actuando juntamente con Él, reconociendo el principio de representación que se manifiesta en la autoridad misma.

Ahora, Él, por tener la autoridad, la delega a los que considere necesario, especialmente conforme a sus planes y propósitos para uno, la familia y la humanidad.

Vemos cómo Jesús desde el inicio de su ministerio llamó a sus discípulos, los capacitó y los comisionó dándoles autoridad sobre todas las "fuerzas del enemigo" (Mateo 10:1; Marcos 3:13-15; 6:7).

En el principio, cuando Dios hizo al hombre le dio autoridad sobre toda la creación. Lamentablemente, cuando pecó ese dominio fue automáticamente transferido a Satanás. El Diablo mismo lo corroboró cuando estaba tentando a Jesús en el desierto, mencionando que a él le había sido dado (Lucas 4:6).

En la cruz, Jesús despojó a Satanás de todo su poderío y recuperó la autoridad legal que Dios le había entregado a la humanidad. Ahora esa autoridad le ha sido transferida a sus hijos, por cuando ellos son herederos de Dios por la obra de Jesucristo.

La primera institución que Dios creó fue la familia, mas no la estableció sin una estructura u orden. En el matrimonio Dios instituyó al hombre como cabeza y representante suyo. Por su parte, el hombre es llamado a someterse a Jesucristo como su cabeza (1 Corintios 11:3), así caminando correctamente en el orden establecido por Dios.

La autoridad de la mujer depende de su capacidad de sujeción a su propia cabeza, el hombre, o en su defecto, a su padre o pastor. Es por medio de su propio reconocimiento de esa autoridad que ella establece y engrandece su autoridad como esposa y madre (Efesios 5:23). La Palabra nos muestra que no podemos caminar en autoridad si no estamos dispuestos a reconocer la autoridad que está sobre nuestras vidas.

La siguiente institución establecida por Dios es la misma iglesia, la cual también lleva el sello de su autoridad (Efesios 2:5,6) sobre el ámbito natural y espiritual. La iglesia tiene las llaves del mismo Hades, experimentando el respaldo de Dios en todo lo que hace, atando y desatando.

Mas no podemos pasar por alto que sobre toda la humanidad Dios ha llamado y comisionado a los que Él llama "vencedores", dándoles una autoridad especial para los últimos tiempos, para el establecimiento del reino de Dios sobre la tierra (Apocalipsis 3:21; 2:26,27).

Naturalmente, encontramos en Romanos 13 que Dios es la fuente de toda autoridad, y enfáticamente ha comenzado delegándola a los gobernantes, que son servidores de Dios para proteger, honrar o castigar a la ciudadanía. Lamentablemente, la mayoría de los gobernantes no buscan el bien del pueblo sino sus propios intereses, usando al pueblo para engrandecerse, enriquecerse y salirse con la suya. Dichas personas no han usado de la autoridad que naturalmente Dios les había entregado, y por eso la mayoría de ellos la han perdido.

Por último, Dios también le ha entregado autoridad a los jefes dentro de las empresas (Efesios 6:5), porque ellos deben cumplir un propósito dentro de la sociedad. Los que trabajamos para alguien más, debemos honrar la posición y la delegación de la autoridad que Dios les ha dado.

De esta manera, la autoridad de los padres, jefes y gobernantes es espiritual porque viene directamente de parte de Dios, aunque se manifieste en un ámbito totalmente natural. Es más, los reyes bíblicos tenían una autoridad más que geopolítico; era ministerial. La palabra y la orden de uno que está en autoridad no se pueden considerar livianas sino efectivamente, porque transcienden las barreras naturales.

Las palabras buenas o malas que habla uno que está en una posición de preeminencia, como la de un gobernante o padre, tienen peso, porque marcan positiva o negativamente a los que las escuchan.

En el Antiguo Testamento vemos cómo Dios instituyó a un líder como su representante sobre Israel, el cual tenía el llamado de llevar al pueblo a la Tierra Prometida. En Éxodo 23 vemos que Dios instó a Israel a atender a su "voz", porque escrituralmente la voz siempre ha significado "mandato", "mandamiento", orden o ley.

La palabra de un líder, para el hombre tal vez no tenga valor, mas para Dios tiene una gran importancia, porque conlleva todo el honor y el peso que Dios le ha dado.

Hay muchos cristianos que les piden "consejo" a sus pastores, y después de escucharlo creen tener derecho de analizar su contenido y determinar en sí mismos si los acatarán o no. Hace algún tiempo tuve que enfrentar a varios jóvenes que estaban ministrando dentro del grupo de alabanza y adoración de nuestra iglesia. Después de pasar como unas dos horas hablando e instruyéndolos, en conclusión uno de ellos me dijo: "Gracias, pastor por sus sugerencias". En ese momento me molesté mucho, porque las palabras (la voz) de una persona que está en autoridad no son sugerencias sino un mandato y orden en la vida de los que lo oyen.

Por eso tengamos mucho cuidado cuando pedimos "consejo" de nuestra autoridad, porque debemos acercarnos con la decisión de acatar dichas palabras de guianza en nuestra vida.

Muchos juzgamos la orden por el tono o los gestos del que la está dando. Sería bueno comprender que al fin y al cabo, eso no tiene mucho peso. Lo que le da peso a la palabra es el que la dio; simplemente Dios mira y juzga si somos fieles en reconocer a la persona que ha hablado. Lamentablemente, muchos buscamos maneras para justificar nuestra rebelión, juzgando a la persona, olvidando que, al final, somos responsables de dos cosas: si obedecimos o no.

Más que juzgar o justificar al liderazgo sobre nuestras vidas, Dios trata con nosotros por medio de ellos, llevándonos a someternos a esas autoridades. Nuestra acción y actitud es primordial para Dios, porque eso es lo que Él está buscando en nosotros, que obedezcamos voluntariamente de todo corazón, no sirviendo al ojo del hombre sino reconociendo que a Dios, sobre todo estamos sirviendo.

Capítulo V
EL USO Y EL PROPÓSITO DE LA AUTORIDAD

Como antes lo mencioné, la autoridad está íntimamente ligada a la responsabilidad, porque es por ella que podemos reconocer el propósito de nuestro liderazgo dentro del hogar, la familia, el trabajo, la iglesia o el reino de Dios. Sin la autoridad sería casi imposible lograr lo que se nos ha encomendado. El apóstol Pablo nos habla de que la única intención de Dios al dárnosla era para la edificación de la vida de otros (2 Corintios 10:8 y 13:10). No se nos dio para que la usáramos para la destrucción, el mal o abusar de otras personas.

Cuando usamos nuestra posición o influencia para nuestro propio beneficio, entonces estamos extralimitándonos en nuestra comisión e invalidando o limitándonos personalmente.

La verdadera autoridad tiene una sola razón de ser, la edificación, aunque sea por medios difíciles como la corrección y el castigo, dando vida y un buen futuro. Mas al abusar de otros estamos dando muerte (Proverbios 19:18), no solamente a las personas sino a nuestra propia influencia.

El Uso y el Propósito de la Autoridad

Dios, el Juez justo, siempre está observándonos, viendo si nosotros estamos haciendo las cosas íntegramente, con una buena actitud. Nuestra actitud es más importante que nuestra acción; creo que ese es el verdadero significado de que Dios quiere "obediencia y no sacrificio". Debemos honrar y no despreciar a los que Dios ha puesto sobre nosotros (2 Pedro 2:10,11).

La autoridad no debe ser impuesta, sino que debe llegar el momento cuando es naturalmente reconocida, porque el líder se ha ganado el respeto y ha logrado cumplir con todas las cosas que edifican la relación. En esa forma se establece lo que yo llamo el "círculo de la autoridad". Cuando una persona recibe la delegación de una posición, todavía no se ha establecido en el proceso, sino hasta que alguien, de alguna manera, reconozca la influencia que tiene en su vida.

El apóstol Pablo reconoce que esa autoridad viene por el reconocimiento de las personas. Él mismo dijo acerca de sí mismo, que había algunos que no creían que él fuese apóstol, pero los corintios eran el sello, la marca de su apostolado (1 Corintios 9:2). Para llegar a ser apóstol, como una representación de autoridad, hay que tener personas que reconozcan ese llamado en la persona y que se sujeten a ella.

Cada uno de nosotros, no importando el área de nuestra influencia, sea donde sea, debemos luchar por edificar nuestra autoridad, manejando los principios bíblicos.

Nosotros podríamos llegar a ser nuestros mejores aliados, pero también nuestros peores enemigos. A veces por nuestra propia culpa destruimos lo que edificamos (Gálatas 2:18).

En unos cuantos capítulos más adelante estaremos viendo los principios que edifican nuestra autoridad, pero es importante notar que una de las cosas fundamentales para edificar y mantener nuestra autoridad es el de caminar justa y honestamente con las personas que hemos sido llamados a guiar. De la misma forma, nosotros mismos podríamos corromper nuestra influencia por medio de nuestra vida pecaminosa y desordenada o cuando pecamos en contra de los que hemos sido llamados a liderar.

¡Que triste es pedirle a alguien que haga lo que decimos, pero que se abstenga de imitar lo que hacemos! Es incongruente seguir ese tipo de modelo en nuestro liderazgo. Lamentablemente, para muchos esa ha sido nuestra educación inicial en la vida y el liderazgo.

Capítulo VI
¿AUTORIDAD SOBRE QUÉ?

Aunque hemos analizado varios principios naturales dentro de la autoridad espiritual, podemos concretar que el Señor nos quiere encaminar a hacer nuestra vida más efectiva, al final logrando desarrollar mayormente nuestra autoridad en todos los ámbitos, especialmente en el espiritual.

Él desea que caminemos en sus pisadas, que sigamos el modelo que Él ha plasmado para nosotros, no solamente en la influencia que debemos tener sobre otras personas, sino convencernos de que hemos sido llamados a algo mayor y más efectivo, logrando una influencia dentro del reino de Dios y el mundo espiritual. Que nuestra autoridad pueda ser sentida en la tierra, en los cielos y debajo de la tierra.

Jesucristo, como hombre, delineó en su vida y ministerio cosas que ahora nos ha llamado a realizar. Todo lo que Él hizo, exactamente TODO, lo hizo para que usted y yo pudiéramos aprender a caminar y seguir sus huellas. Su promesa es que Él nos fortalecerá por medio del Espíritu de Dios para que alcancemos cosas extraordinarias en nuestra vida; que logremos hacer "mayores cosas que estas", porque Él iría al Padre.

Yo estoy convencido de que todo lo que Jesucristo hizo, no fue con su destreza divina sino como hombre lleno y fortalecido por el Espíritu. Ahora nosotros, los que hemos abierto nuestra vida a la llenura del Espíritu Santo, tenemos a nuestro alcance el mismo poder para lograr efectivamente cumplir con todo lo que Dios nos ha llamado a hacer.

Es interesante estudiar la magnitud del ministerio del Señor Jesucristo en su ministerio terrenal, observando todo lo que Él hizo. Su promesa sigue vigente, porque Él iría al Padre, el que nos ayudaría a hacer mayores cosas que las que el mundo vio a través de Jesús. Es necesario observar que en muchas de estas cosas, otros ministros en la Palabra también las hicieron o a la misma vez, Jesús nos llamó a podríamos hacerlas.

Quisiera recordarles que toda autoridad es espiritual y se <u>debe</u> manifestar plenamente en los ámbitos espirituales. No debería haber sorprendido a los líderes de aquel tiempo cuando Jesucristo hizo increíbles maravillas, mas lamentablemente le preguntaron muchas veces: ¿Con qué autoridad haces estas cosas, y quién te dio esta autoridad? (Mateo 21:23). Por otro lado, no nos debería sorprender cuando la gente niegue la veracidad o la autenticidad de las señales y los milagros que nosotros podríamos hacer bajo la unción del Espíritu.

¿Autoridad sobre qué?

Jesús caminó diariamente ejerciendo autoridad incluso sobre la naturaleza: calmó la tempestad e influyó en los cambios climáticos (Marcos 4:35-41), caminó sobre las mismas aguas contrarrestando la ley de la gravedad (Mateo 14:25), multiplicó los panes y los peces produciendo de la nada alimento, quebrantando así las leyes de la física (Marcos 6:41). ¿Tendríamos derecho a decir que el proceso partió el átomo?

Vemos cómo Jesús tenía autoridad sobre las enfermedades, a veces físicas, mentales, emocionales o espirituales, sanando con su autoridad a la mujer que había estado esclavizada casi toda su vida a un maligno "flujo de sangre" (Marcos 5:30). También sanó al cojo, al ciego, al mudo, al paralítico y al leproso, a todo aquel que tuviera la voluntad de creer que Él podía hacerlo.

Notamos que su poder no se limitaba a las cosas naturales, sino que lo vemos influyendo sobre todo el mundo espiritual. No había demonio que no se sometiera a su autoridad; estos reconocían el poder transformador que en Él había, con solo verlo (Marcos 1:21-28; 5:1-20; Mateo 17:14-21).

Aun la muerte, que es de carácter espiritual, siendo el resultado del pecado y el último de los enemigos que será conquistado al final de los tiempos, tuvo que someterse a la autoridad de Jesucristo. En varias oportunidades la muerte se sujetó a su mandato, tales son: el caso de la hija de Jairo (Marcos 5:41), Lázaro, el mayor de los milagros de resurrección (Juan 11:43,44) y el caso del hijo de la viuda de Naín (Lucas 7:14).

Lo que podemos enfatizar aquí es que la autoridad no solamente efectúa cambios en el ámbito natural sino que trastorna los elementos y las leyes naturales, quebrantando lo que muchos consideraban imposible. Probablemente, una de las enseñanzas más profundas encontradas en la Palabra, fue la lección que el centurión nos dio, mostrándonos que la autoridad trasciende al tiempo, el espacio y la distancia. Él declaró este principio increíble: sólo di la palabra (Lucas 7:7). Hay un poder increíble en la palabra que es hablada en fe y en autoridad.

El Maestro nos dijo que sus palabras son espíritu y son vida. Por ser espirituales, pueden trascender todas las barreras naturales, espirituales y todas las limitantes físicas, hasta cumplir el propósito por el cual fueron enviadas. Aun fue su palabra, el Verbo, el poder creativo que hizo todo lo que fue creado en las esferas naturales y espirituales.

Ahora, Jesucristo les dio su misma autoridad que Él llevaba a los seres humanos, para que no sólo pudiéramos a hacer lo mismo sino mayores cosas: Pedro caminó sobre las aguas (Mateo 14:29), igual que muchos hombres en el Antiguo Testamento realizaron portentos asombrosos, como Josué que detuvo el Sol (Josué 10:13), los diez milagros que hizo Moisés en Egipto, después dividir el mar para que el pueblo pudiera cruzar en seco, la transformación de

¿Autoridad sobre qué?

las aguas amargas en dulces y probablemente la mayor de ellas, sacar agua de la peña. Por otro lado, notamos cómo Eliseo multiplicó veinte panes para darle de comer a más de cien personas (2 Reyes 4:44), y dos ocasiones cuando la harina y el aceite fueron multiplicados.

Autoridad para sanar todo tipo de dolencia o mal dentro de la humanidad, no sólo sobre la naturaleza sino también sobre la enfermedad. Podemos notar que Jesús nos ha entregado autoridad sobre toda fuerza del enemigo, para luchar y vencer sobre las huestes de Satán, y todo eso sencillamente porque Jesucristo venció y lo despojó en la cruz.

Cuando Jesús comisionó y envió a los doce apóstoles, después a los setenta, les instó y les dio potestad sobre los espíritus inmundos. Al regresar ellos estaban asombrados porque aun los demonios se sometían ante el nombre de Jesús. Vemos allí cómo para Jesús esto era tan normal y cotidiano, que simplemente aseveró que lo que ellos habían hecho había tenido una trascendencia espiritual: Yo veía a Satanás caer del cielo como un rayo (Lucas 10:18).

Algunos de los discípulos pudieron resucitar muertos. Pablo resucitó al muchacho que cayó del tercer piso, quedando muerto, mas Pablo inmediatamente oró por él y su vida le fue restaurada.

Notamos cómo la autoridad emanaba de la vida de los ministros, tanto que la sombra de Pedro sanaba los enfermos. Los pañuelos de Pablo eran llevados a lugares donde él mismo no podía ir por limitaciones de tiempo y ocupación, y Dios hacia milagros a través de esos elementos.

La pregunta que nos debemos hacer es: ¿hay algo imposible para Dios? Indudablemente nosotros mismos somos los que limitamos constantemente a Dios con nuestras dudas, temores e inseguridades. Lamentablemente, hemos creado barreras doctrinales alrededor de Dios, determinando por ellas lo que Dios puede, no puede, debe o no debe hacer.

Probablemente la más controversial de las obras que Jesucristo hizo, siendo de gran conflicto para muchos que lo escuchaban, fue cuando Él le perdonó sus pecados al muchacho paralítico (Mateo 9:6). Esto no fue un acto único en la vida de Jesús sino algo que fue establecido por Dios, pues Jesús tenía autoridad sobre el mismo pecado.

Para muchos creyentes este es un derecho singular en la vida de Jesús, pero recordemos que todo lo que él hizo en su ministerio terrenal lo hizo como hombre ungido por el poder del Espíritu. En este último pasaje mencionado en Mateo 9, nos dice que fue dado tal poder a los hombres (v.8). Aun con eso nos llenamos de duda en nuestros corazones.

Ahora, a nosotros nos ha sido transferida la autoridad de aplicar el perdón de Dios en la vida de aquellos que se han arrepentido y confesado sus pecados.

¿Autoridad sobre qué?

Sabemos que Dios es fiel en perdonar al que confiesa y se aparta del mal. Lo que es indispensable de reconocer es que Dios actúa juntamente con nosotros en el acto del perdón (Mateo 6:14).

El perdón no solamente incluye a los que han pecado en lo general en contra de Dios, sino también a aquellos que han pecado contra nosotros. Al no perdonarles a otros sus ofensas, estamos reteniendo la obra de Dios en la vida de ellos (Juan 20:23; 2 Corintios 2:10); los estamos ligando a la ofensa del pasado y, terriblemente, nos estancamos nosotros en el mismo evento del pasado.

En conclusión, no podemos negar que Jesucristo nos ha investido no solamente con su autoridad sino también con el ministerio y llamado que Él tan honrosamente llevó, y ahora es nuestro para cumplirlo. Él nos ha dado su nombre, honor y gloria para que en Él establezcamos el reino de Dios en la tierra.

Capítulo VII
CONDICIONES PARA
TENER AUTORIDAD

Aunque hemos establecido que la autoridad es impartida por Dios a los que Él quiere, es importante ver que cada uno de nosotros tenemos un nivel de responsabilidad en la obtención y la manutención de dicha autoridad. Nos dedicaremos primordialmente a conocer y entender las condiciones para obtener autoridad en el ámbito espiritual, que incluye todos los aspectos de la iglesia, la vida cristiana y, las luchas y las batallas espirituales que cada uno de nosotros enfrentamos.

Somos responsables de la forma en que administramos cada don o regalo que se nos ha sido concedido. Dios pedirá cuentas y debemos de saber cómo adquirir y mantener autoridad en nuestras vidas.

Lo que debemos saber es que una vez perdida la autoridad, será mucho más difícil lograr adquirirla o recuperarla de nuevo. Esto se debe a que hemos perdido la confianza que otros habían depositado en nosotros. Probablemente hemos sido responsables por nuestras malas decisiones, actitudes o ignorancia de los principios bíblicos, que nos ha llevado a perder la influencia que antes teníamos. Por esa razón luchemos por mantener, desde el principio, lo que Dios ha depositado en nuestras manos.

Algunos de nosotros en el pasado cometimos errores que han creado baches en nuestra autoridad. La gente podría estar reticente a darnos una nueva oportunidad. La forma en que nos comportamos, la manera en que tratamos a las personas que merecían nuestro respeto, cariño y un buen trato, ahora necesitan ver el cambio que está ocurriendo en nuestras vidas para que su corazón se abra de nuevo y nos den una nueva oportunidad.

Aunque es imposible predecir lo que ellos harán y en qué manera responderán, estoy convencido de que nosotros tenemos la capacidad de acelerar su respuesta positiva por medio de los cambios que establecemos en nuestra propia vida. Si usted como padre, líder o pastor, por diversas razones ha perdido su autoridad, credibilidad e influencia, mi consejo es que usted pueda implementar estas condiciones inmediatamente e iniciar el regreso de reconquista de lo que ha perdido.

Condición # 1: Obediencia y sujeción.

Pero el centurión respondió, y dijo: Señor, no soy digno de que entres bajo mi techo; mas solamente di la palabra y mi criado quedará sano. ... Porque yo también soy hombre bajo autoridad, con soldados a mis órdenes; y digo a éste: "Ve", y va; y al otro: "Ven", y viene; y a mi siervo: "Haz esto", y lo hace. ... Al oírlo Jesús, se maravilló y dijo a los que le seguían: En verdad os digo que en Israel no he hallado en nadie una fe tan grande. Mat 8:8-10 (LBLA).

Increíblemente una de las más profundas enseñanzas que encontramos en las Escrituras, fue impartida por una persona que aparentemente le faltaba "piedad". En Mateo 8:5 al 10, vemos a un hombre conocido simplemente como "el centurión", quien nos comparte lo que él caracteriza como el éxito de su vida. Siendo un centurión en el ejército romano, lo que marcaba su posición e influencia era la estrecha y delicada relación que existía cotidianamente entre su subordinación a sus propios superiores y la de comandante de una legión de soldados, que por la guerra se habían vuelto duros, sanguinarios y difíciles de tratar. La única cosa que lo establecía y le daba valor era la íntima conexión que había entre su propia sujeción y la autoridad sobre sus soldados.

De nuevo vemos elocuentemente aplicada la relación entre lo natural y lo espiritual, cuando él compara su propia autoridad con la de Jesucristo, ratificando que la única manera que Jesucristo podría caminar en autoridad era por la misma relación de sujeción al Padre. Probablemente, el centurión había observado de lejos cómo los demonios, las enfermedades y la misma naturaleza se sujetaban ante la orden de nuestro Señor. Había percibido que a la disposición del Señor existía un ejército de ángeles y espíritus ministradores, listos y preparados para cumplir su palabra.

Condiciones para tener Autoridad

En los mismos ejemplos de donde hemos tomado estas ilustraciones se demuestra este mismo principio; por ejemplo: la relación que hay entre un padre y una madre dentro del hogar. Desde el principio Dios estableció al varón como cabeza del hogar, y correlacionalmente, vemos cómo también la mujer y madre debe llegar a caminar en una verdadera autoridad e influencia dentro del hogar. La autoridad de la madre y esposa debe palparse cotidianamente en la vida del hogar, manifestando su autoridad sobre los hijos en su guianza y corrección. Pero también se debe ver en la dirección del hogar, colaborando con su esposo en las decisiones de la familia misma.

Su autoridad no está desligada o independiente de la autoridad de su marido, sino ambas son una misma autoridad que se manifiesta en dos personas. La autoridad del esposo es transferida a la esposa, por el profundo respeto y honor que ella da a las decisiones y disposiciones de su esposo. El nivel de su sujeción determinará la grandeza de su honor y autoridad.

La autoridad también está ligada a los principios del reino, que nos hace diversas comparaciones entre lo que podríamos caracterizar como "opuestos". La única forma de ser grandes es volviéndonos pequeños; la única manera de gobernar es sirviendo y la única forma de subir es bajando. En la misma instancia, nuestra autoridad depende de nuestra profunda sumisión a las autoridades establecidas por Dios en nuestra vida, reconociendo y sujetándonos por medio de ellos a Dios. Sería vergonzoso e incongruente que nosotros apeláramos a Dios, queriendo desligarnos del orden establecido por Él mismo dentro de nuestra propia vida.

Cada uno de nosotros podríamos encontrar razones por las cuales se nos permitiría no estar obligados a obedecer las determinaciones de algunas personas. Tendríamos buenas excusas que justificarían nuestra rebelión o rechazo. Cada individuo, incluyéndonos a nosotros mismos, no somos dignos del honor que se nos ha imputado. Hemos fallado a las responsabilidades y hemos reaccionado en formas que no deberíamos; pero sobre todo, hemos pecado contra las personas que Dios nos ha llamado a guiar. Nuestras fallas serían excusas suficientes para que dichas personas pudieran emanciparse de nuestra autoridad. La realidad es esta: la obediencia no depende de lo que la otra persona haga o deje de hacer, sino simplemente depende de nuestra disposición a obedecer individual y directamente.

Obedecer es levantar la autoridad de la persona que está sobre nuestra vida; es honrar su posición y disposiciones, no importando el sacrificio que eso requiera de nosotros; es adherirse a la visión, métodos y deseos que la otra persona tenga, que por la razón de ser, afectará cada aspecto de nuestro destino.

Cada persona tiene un llamado a un liderato, en alguna forma o manera, sea en el ámbito familiar, empresarial, social, económico o aun espiritual. La obediencia es la que nos prepara para caminar correctamente en liderazgo sobre otras personas. Personas que no han caminado y no entienden lo que es la obediencia, cuando se les entrega liderazgo usualmente se vuelven déspotas y actúan dictatorialmente, abusando y manipulando a las personas bajo su liderazgo. Nuestra sujeción es la mejor escuela de liderazgo que nosotros podamos tener.

Una sujeción genuina e individual forma nuestro carácter y trata con las actitudes erróneas, tales como la soberbia, la arrogancia, el individualismo y el egoísmo, volviéndonos cada día mejores personas y, por ende, mejores líderes.

En este punto no podemos ignorar que cada uno de nosotros nos encontramos en una tremenda lucha espiritual. Como parte del reino de Dios, constantemente hay alrededor de nosotros batallas que debemos enfrentar, sea en nuestra propia vida, nuestros familiares, amigos u otros creyentes. Todos estamos enfrentando una lucha campal. El enemigo de nuestra fe desea destruirnos, pero si no lo puede lograr, por lo menos lo que quiere es estorbarnos, obstaculizarnos o limitarnos para que no lleguemos a ser todo lo que Dios quiere para nosotros.

Para algunos de nosotros, los problemas tienen nombres de personas, y podríamos creer que nuestra lucha es contra dichas personas, no importando si sean personas o circunstancias que buscan destruir y volver nuestra vida inefectiva. Sabemos que nuestra lucha no es contra sangre y carne, sino contra principados, contra potestades, contra los poderes de este mundo de tinieblas, contra las huestes espirituales de maldad en las regiones celestes (Efesios 6:12). Estas batallas y la guerra en general, solamente podrá ser ganada cuando nuestra "obediencia sea perfecta" (2 Corintios 10:4-6).

En muchos de los problemas que enfrentamos, la raíz del mal está naturalmente en nosotros y nuestras actitudes y acciones. Pongamos un ejemplo: unos padres están luchando contra la rebelión en la vida de un hijo, aparte de considerar si han corregido e instruido al hijo en la forma correcta, en un balance perfecto entre el amor y la disciplina. También se debería considerar si el problema primariamente está en ellos como padres o en el hijo. Muchas veces, nuestros hijos no nos respetan, no obedecen a las leyes y ordenanzas familiares, porque ellos primeramente ven que nuestras vidas están en desorden; por ende, Dios mismo no puede respaldar nuestra propia falta de sujeción y rebelión. Como nosotros no estamos caminando en sujeción y reverencia a las personas que Dios ha puesto en autoridad sobre nosotros, como consecuencia, ahora no tenemos autoridad moral en nuestra propia vida.

Este sometimiento voluntario a las autoridades superiores que Dios ha puesto sobre nuestras vidas en el ámbito político, educativo, familiar y eclesiástico, nos da la autoridad de batallar en contra de nuestro propios enemigos y los que están constantemente queriendo destruir y derrumbar a nuestra familia, negocios, relaciones y vida cristiana (Santiago 4:7). Cuando nos sometemos, el enemigo tiene que reconocer que, por medio de la sujeción, Dios está con nosotros, a favor de nosotros, y nadie ni nada podrá hacernos frente.

Por último, hay muchísimas personas que asumen que estar "bajo autoridad" significa estar   guiados abierta, total y absolutamente por el Espíritu Santo. Ellos no necesitan estar sometidos a personas humanas, porque han alcanzado un nivel espiritual superior, dándoles la libertad de estar directamente sometidos a Dios y a su Espíritu. ¿Qué realmente podríamos decir de esto? La respuesta concreta es: nadie puede estar sujeto singular e individualmente a Dios. Nos podríamos preguntar, ¿por qué? Porque Dios ha establecido como principio de vida en nosotros, el que debemos estar íntegramente relacionados a otros seres humanos en una forma correlacional a Él. No somos llamados a la independencia sino a la interdependencia, "los unos a los otros."

¿Qué dice la Biblia al respecto? Dios ha creado un patrón de relación paralela entre Él y nosotros y entre nosotros mismos. Esta relación paralela, coexiste junta pero no mezclada, y a la misma vez dependen una de la otra. Usemos como ejemplo el "amor": Dios nos reta a mostrarle a Él que lo amamos amando a nuestros hermanos, diciéndonos que debemos de primeramente amar al que vemos, para después amar al que no vemos (1 Juan 4:12). No podemos asumir que amamos a Dios, a la misma vez odiando a nuestros hermanos, los cuales vemos constantemente. En este mismo patrón funciona el "servicio", la "generosidad", así como la autoridad y la sujeción.

Dios lo estableció de esta manera para que nosotros no caminemos totalmente independientes de una relación con otros. Esto crea una interrelación con otros y establece una interdependencia para que podamos ayudarnos los unos a los otros (Gálatas 6:2). Al fin y al cabo, tiene el propósito de edificar el cuerpo de Cristo, a la misma vez que trata con nuestro propio carácter y actitudes, confrontándolas por medio de nuestra relación con otros.

> *Creer que estamos singular y directamente sometidos a la guianza del Espíritu Santo, nos hace perder el propósito del cuerpo de Cristo.*

Condición # 2: Fidelidad

Bien hecho, buen siervo, puesto que has sido fiel en lo muy poco, ten autoridad sobre diez ciudades. Lucas 19:17 (LBLA).

La autoridad, primordialmente está basada en el reconocimiento que otros nos den. Dios llama y establece a una persona en autoridad, mas es el reconocimiento el que nos establece en esa posición de autoridad. Yo llamo a ese proceso el "círculo de autoridad", donde debe y puede establecerse la autoridad, creando un ambiente propicio para que se

Condiciones para tener Autoridad

dé la autoridad. Este comienza con el llamado y unción de Dios sobre la vida de un individuo, mas desde ese punto, el resto depende de dicho individuo; sus acciones y actitudes crearán una atmósfera propicia u opositora en los parámetros de la autoridad.

La gente responde más a nuestras acciones y actitudes que a la posición que nosotros hayamos adquirido. Uno de los elementos más importantes para lograr alcanzar la influencia necesaria para caminar en autoridad, es nuestra fidelidad en el cumplimiento de todas nuestras responsabilidades. Si recordamos que la base principal de la autoridad es la responsabilidad, de la misma manera nuestra autoridad depende del cumplimiento de nuestras responsabilidades con una buena actitud, correctamente y en tiempo preciso.

Con la fidelidad convencemos a otros de que somos dignos de ser levantados en liderazgo, especialmente cuando hemos cumplido con las cosas pequeñas y ocultas, que para muchos no son importantes o estimadas. La Palabra de Dios está llena de ejemplos y respaldo a este principio: Lucas 16:10-12; Mateo 6:18, Efesios 6:6-8; Colosenses 3:22-24. Dios ha declarado que para que una persona alcance liderazgo, influencia, respeto y autoridad, debe sobre todas las cosas, comprobarlo por medio de la fidelidad en "todas" las áreas necesarias y relevantes.

Es esta fidelidad en las cosas pequeñas la que nos prepara y capacita para las cosas grandes e importantes que Dios desea hacer en nosotros y a través nuestro

(Lucas 19:17,19). La fidelidad es la escuela de la vida que nos prepara para cosas mayores.

Cualquier persona puede hacer lo que debe hacer, y pretender ser fiel, porque está morando dentro de un ambiente cargado de fidelidad; el ambiente lo está influyendo hacia la fidelidad. Mas, lamentablemente, al salir de ese ambiente, al encontrar una excusa digna, manifestará lo que hay profundamente dentro de su corazón. La fidelidad tiene que ser parte de nuestro propio carácter.

La fidelidad es más que simplemente cumplir con lo que es requerido de nosotros; es hacer más de lo que se nos ha pedido (Lucas 17:10) con excelencia y buena actitud. Si simplemente cumplimos con lo que debemos o se nos obliga a hacer, personalmente nos estamos descalificando del liderazgo, porque la Biblia nos condena como "inútiles".

Dios nos llama conforme a cada uno de sus propósitos en nuestra vida, mas Él siempre los basa en las habilidades que ha puesto dentro de nosotros. Él no espera más de nosotros que lo que ha puesto en nosotros. Fidelidad llega a ser la capacidad de vivir al nivel del potencial que Dios ha establecido en nosotros.

Lo interesante de este tema es que Dios siempre nos llama a una labor mayor a nuestra comodidad. Siempre nos reta, estira y anima para que rompamos nuestras limitaciones y logremos salir de nuestro estancamiento; que venzamos nuestro estado de comodidad. En la misma manera, fidelidad tiene que ver con lograr caminar en un progreso constante en nuestras vidas.

> *Es esta fidelidad en las cosas pequeñas las que nos prepara y capacita para las cosas grandes e importantes que Dios desea hacer en nosotros y a través nuestro.*

Condición # 3: Servicio

No ha de ser así entre vosotros, sino que el que quiera entre vosotros llegar a ser grande, será vuestro servidor,... y el que quiera entre vosotros ser el primero, será vuestro siervo. Mateo 20:26,27 (LBLA).

La relación entre el servicio y la autoridad es un tremendo misterio. Es una de esas bases que Dios ha establecido que sabemos que funcionan, mas no tenemos ni la menor idea de cómo se desarrolla. Claramente sabemos que es una relación entre lo natural y lo espiritual. Lo que Dios nos está queriendo enseñar es que por medio del servicio Dios toca y mueve el corazón de las personas y las hace responder a nuestro liderazgo.

El servicio también nos prepara para la autoridad, porque trata con nuestro orgullo, formando la templanza en nosotros para que no lleguemos a destruir a las personas que están bajo nuestro cuidado y liderazgo. Trata con nuestro carácter, quebrando nuestro egocentrismo y creando en nosotros la necesidad de búsqueda de los intereses de otros y no los nuestros. Forma en nosotros el mismo carácter y espíritu que hubo en Cristo Jesús, que voluntariamente ser volvió siervo, se anonadó y estuvo dispuesto a morir a sus propios anhelos y deseos.

Servir a Dios y al prójimo es una y la misma cosa, así como con la sujeción. Dios ha establecido que estamos obligados a servir a los demás como marca y señal de nuestra relación con Él mismo. Aún en las Escrituras, lo compara con nuestro servicio a Dios, hablando de que todo lo que hemos hecho para uno de estos pequeños a Él lo hicimos (Mateo 25:40-46).

Fácil es servir a Dios; lo difícil es servir a los demás. Hay personas que desearían escaparse del proceso, directa y solamente sirviendo a Dios. Servir al prójimo no es fácil, porque el ser humano por naturaleza es egocéntrico, ingrato y, muchas veces, infiel. Mas Dios lo estableció de esta manera para pulirnos, moldearnos en nuestra vida y prepararnos para algo más glorioso en Dios.

El servicio, así como la fidelidad, demanda que cumplamos con más de lo que se espera de nosotros. Dios nos llama a caminar "la segunda milla" en todo lo que hacemos. Esto nos llama a servir a otros, especialmente a los que no nos pueden recompensar, no nos pueden devolver algo. Dios nos llama aún a servir a los que nos odian, vituperan y rechazan; recordemos que todo lo estamos haciendo para Dios mismo.

Hay personas que comparan el liderazgo y la autoridad con la emancipación de las obligaciones de tener que servir a otros, cuando hemos llegado a un nivel de liderazgo en donde ahora somos nosotros los que merecemos que nos sirvan. Lamentablemente, no encuentro ningún punto de las Escrituras que pueda respaldar dicho argumento. Dios hace el llamado a que cada uno de sus líderes mantengamos un corazón de siervo, aprendiendo y viviendo un servicio constante a Dios y su pueblo.

Jesucristo nos amonesta que aprendamos de Él como modelo de ministerio. Él nos instó a servir y no a ser servidos, en la misma forma que Él ha dado su vida en servicio a la humanidad.

Como padre, entiendo que debo servir, pero a la misma vez tengo que balancear entre ser un siervo y guiar y educar a los hijos que Dios ha puesto en mis manos. Esto me lleva a que no haga las cosas por ellos, a la misma vez que ellos en su propio nivel, dentro de su desarrollo, deben hacer por sí mismos. Por ejemplo: ¿hasta cuándo debe un padre cortarle la comida a su hijo, hacerle la cama a su hija o lavarle la ropa a sus hijos? En cada etapa de la vida debemos haber conquistado áreas, para que ellos desde ese punto en adelante puedan y deban hacerlo por sí mismos.

Nuestro servicio en el hogar, así como en todos los demás ámbitos de nuestra vida, debe ser de ayudar (servir) a otros para que ellos puedan hacerlo por sí mismos. A la vuelta, cuando ya se hayan desarrollado lo podrán hacer por otros.

> *Servir a Dios y al prójimo es una y la misma cosa.*

Condición # 4: Victoria sobre nuestras propias debilidades

Y al vencedor, al que guarda mis obras hasta el fin, le daré autoridad sobre las naciones. Apocalipsis 2:26 (LBLA).

Hay muchas personas que les gusta caminar en autoridad; sienten que levanta su propia imagen, les da validez o les da el honor que tanto merecen. Pero lamentablemente hay cosas en su vida que todavía no han sido conquistadas. De la misma manera que mencionamos anteriormente, la autoridad es reconocida, no impuesta o demandada. Una de las formas más eficientes para levantar y adquirir autoridad es conquistando o venciendo sobre nuestros propios "enemigos" o debilidades que, hasta este momento, nos han controlado o manejado.

Como padre puedo notar que mis hijos conocen íntegramente mis propias debilidades como ser humano; pero ellos han visto a través de los últimos años cómo diariamente he vencido esas debilidades que en el pasado me controlaban. Cuando nuestros hijos ven eso, ellos naturalmente empiezan a respetarnos y a honrarnos, por el ejemplo que se les ha dado.

Hay muchos padres que tratan de mandar y aconsejar a sus hijos, ordenándoles que se abstengan de ciertas cosas que ellos mismos hacen. También les piden que hagan cosas que ellos mismos no hacen. El término común es este: "Haz lo que yo te digo pero no lo que hago". Ese tipo de pensamiento no tiene validez. Nuestros hijos son más inteligentes que eso. Ellos comprenden lo absurdo e inmoral que es este tipo de "autoridad". Ellos quieren seguir el ejemplo de un líder que conquista sus propios fantasmas.

Cuando vencemos nuestros propios espantos, nos da la autoridad moral para confrontar a otras personas con sus propias debilidades. Hasta ese momento, debemos concentrarnos en conquistar esas áreas de nuestra vida que están debilitando, socavando y destruyendo la autoridad que Dios ha encomendado en nuestras manos.

> *Cuando vencemos nuestros propios espantos, nos da la autoridad moral para confrontar a otras personas en sus propias debilidades.*

Condición # 5: Humillarnos delante de Dios y de los demás.

Similarmente a todos los puntos previamente vistos, es imprescindible que cada uno de nosotros que estamos luchando por caminar en autoridad, reconozcamos que nuestra arrogancia puede disminuir y limitar nuestra propia autoridad.

Una de las cosas que son indiscutibles en todo liderazgo humano es que cada uno de nosotros hemos estado de ambos lados del conflicto. Todos hemos herido, pecado o invalidado a los demás. No hemos sido perfectos sino mucho más, imperfectos. No hemos llenado las expectativas que los demás tienen de nosotros.

Como padres podríamos ser reactivos, dejando que nuestras emociones incontrolables lleven un conflicto a un nivel mayor. Como pastores, nuestras ocupaciones y la falta de una buena administración podría hacernos fallar a nuestra palabra, no cumpliendo con algunos de los compromisos adquiridos.

Cada uno de nosotros les hemos fallado a otros, no hemos llenado sus expectativas, los hemos invalidado, y sobre todo, hemos permitido que nuestra carne nos saque ventaja.

Del mismo modo, todos hemos sido receptores o víctimas del maltrato de otros. Algunos quizás han sido victimizados por la inmadurez o falta de conocimiento de sus padres. Para otros podría ser que la predicación de sus pastores no ha satisfecho sus necesidades básicas. Podríamos usar muchísimas páginas para dar un sinnúmero de ejemplos, pero la realidad es que todos hemos pecado y hemos sido receptores de los pecados de otros.

La clave para el engrandecimiento de nuestra autoridad no es la perfección sino el perfecto perdón. Cuando hemos fallado y pecado contra esas personas que han confiado en nuestro liderazgo, es necesario que rápidamente nos humillemos y les pidamos perdón. No podemos darnos el lujo de darle cabida al enemigo (Efesios 4:26,27). Cuando la amargura ya se enraizó en el corazón de la gente, la división o la traición están cerca. Seamos precavidos; con una simple humillación podríamos cambiar ese futuro incierto.

Debemos recordar que la Palabra nos insta a la humillación, especialmente cuando les hemos fallado a otros. Dios cambia nuestras circunstancias, transforma el corazón de la gente, y por medio de la humildad nos honra y exalta.

Es la humillación la que sustenta la gloria, la que nos hace morir a nuestra propia carne y arrogancia, y permite que Dios produzca un cambio profundo en nuestras vidas.

Lo terrible es que cada uno de nosotros somos vulnerables al orgullo. Lo que esperamos y buscamos es que seamos suficientemente sensibles a la voz de

Dios, para que nos alerte y cambiemos nuestro camino, actitudes y acciones.

La Biblia nos recalca que la altivez y el orgullo siempre son el preámbulo de la caída (Proverbios 16:18). Seamos conscientes de eso y velemos constantemente para que el enemigo no siembre una semilla de discordia entre nosotros y de esa forma limite y corrompa nuestra influencia y liderazgo.

> *No seamos inconscientes de que nuestras acciones tienen reacciones. Cuando fallamos estamos pecando contra otros. Humillémonos y pidamos perdón para que la relación sea restaurada.*

Capítulo VIII
COSAS QUE LIMITAN NUESTRA AUTORIDAD ESPIRITUAL

Una cosa es que una persona tenga autoridad y otra es que camine comprensivamente dentro de esa autoridad. Muchos tienen autoridad mas no caminan en ella, porque hay obstáculos que interfieren con esa autoridad.

Cada persona tiene en una forma u otra autoridad real y auténtica. Desde un niño que tiene sus juguetes y una mascota, el padre y esposo de familia, el pastor de una iglesia, el empresario que tiene un gran número de empleados, hasta el gobernador de una región o nación, todos llevan sobre sus hombros un nivel de autoridad. La autoridad es la herramienta, un don para el cumplimiento de la responsabilidad que está por delante.

Un padre, por la naturaleza de su posición, inicia automáticamente con autoridad imputada por Dios, mas por alguna razón la pierde o puede haber algo que obstaculice o limite su uso y el desarrollo de esa autoridad.

Podría ser desmotivador cuando uno reconoce que ha perdido toda la credibilidad e influencia en la vida de otros, cuando ya no lo respetan a uno, aún con las mejores intenciones y deseos.

Hay cosas que directa o indirectamente interfieren con la efectividad de nuestra posición. En algunas de ellas, nosotros somos los totalmente responsables de la condición o el deterioro de nuestra influencia; otras podrían ser condiciones o situaciones en nuestra propia personalidad o acciones que tendremos que buscar ayuda de parte de Dios u otros para lograr sobrepasarlas y vencerlas.

Problema # 1: Falta de un claro entendimiento de los principios prácticos y bíblicos:

Mi pueblo es destruido por falta de conocimiento.
Oseas 4:6 (LBLA).

Mi esposa y yo nos casamos siendo muy jóvenes. Desde nuestro noviazgo hablamos de tener hijos pronto para así gozarlos en nuestra juventud. En el pasado habíamos visto cómo algunas parejas habían esperado algunos años, varios de ellos hasta mediados y finales de los treinta, y ya no tenían las energías físicas y emocionales para guiar, pero especialmente, corregir a sus hijos.

En nuestro caso personal, nosotros teníamos suficientes energías y las mejores intenciones, mas nos faltaba un verdadero entendimiento de las cosas que necesitábamos hacer para ser los mejores padres. Nuestra hija mayor siempre ha sido llena de energía, y a menudo hacía cosas que no debía. Lamentablemente, yo la seguía por todos lados corrigiéndola. Probablemente la palabra principal que ella oía de mí, era: "NO". La estaba destruyendo. Hasta que un día mi padre me habló y me guió, primero instándome a que no fuera demasiado estricto, y segundo, a enfocarme en las cosas que verdaderamente tienen valor.

Como podemos notar, tener las mejores intenciones no es suficiente. Es indispensable comprender y entender las cosas que debemos y podemos hacer, para que así logremos tener el éxito que tanto deseamos y buscamos.

En el matrimonio, como en la vida, muchas veces consideramos más importante el aprender cómo hacer, crear y cumplir con nuestra carrera o profesión, que cómo ser buenos padres y líderes dentro de nuestra esfera de influencia. Para muchos la provisión es lo fundamental del papel paternal y no la crianza o la educación de los hijos. Si esto es así, no solamente destruimos a los que nos rodean, sino que incapacitamos o por lo menos limitamos nuestra propia autoridad.

Muchos de nosotros hemos crecido sin un verdadero modelo paternal en la vida, y en el pasado he aconsejado a varios que observen y emulen a otros que sí lo están haciendo correctamente. El apóstol Pablo nos instó a imitarlo a él, como a la misma vez él imitó a Cristo Jesús (1 Corintios 11:1).

Para lograr esto tenemos que ser más que observadores; hay que ser también buscadores de la verdad, estando dispuestos a pedir consejo y a recibir corrección de parte de aquellos que sí lo han logrado.

Una de las cosas que admiro increíblemente de mi esposa, es que aunque no tuvo los mejores modelos en su edad temprana a nivel familiar, ha sido una persona que en los veintiocho años que llevo de conocerla, nunca ha dejado de superarse y de aprender a cómo hacer las cosas mejor. En realidad, ella ha sido mi mejor tutora, porque yo soy quien recibe e implementa lo que ella ha aprendido.

El éxito no es automático sino que tiene que ser intencional. Debemos creer en la necesidad imperante de mejorar y lograr ser todo lo que debemos ser.

En la Biblia encontramos a muchos novatos que fueron discipulados por otros en el liderazgo, aprendiendo por medio del modelaje en la vida de sus mentores. El liderazgo y la autoridad no son algo natural en nosotros; estos deben ser aprendidos de personas que vivan y manifiesten estas características tan necesarias. Vemos a personas como Timoteo, que crecieron dentro de una fuerte influencia matriarcal, que necesitó a un padre como Pablo para retarlo a conquistar su timidez. En cada faceta de la vida de Timoteo, Pablo le modeló un liderazgo eficaz y sustancial.

Notamos que Dios le ha permitido a muchos increíbles líderes a aprender de otros: Saúl le aprendió a Samuel,

Eliseo a Elías, aún David fue llevado a los pies de Saúl para aprender el comportamiento de un rey. Los años invertidos en el aprendizaje y la formación del carácter es lo que nos da la posibilidad de tener éxito en toda esfera de nuestro liderazgo y autoridad.

Una de las armas más eficaces del enemigo es la ignorancia. Por medio de ella nos encamina al fracaso, como a ciegos que son encaminados por medio de caminos peligrosos, encontrándose vulnerables a la voluntad de otros. La Palabra nos llama a adquirir sobre todo, conocimiento, llevándonos a experiencias exitosas en la vida y el ministerio.

Un liderazgo sin entendimiento es como poner un arma destructiva en las manos de un inexperto, novato e indisciplinado, que puede hacer más daño que bien. Recordemos que cada uno de nosotros tenemos liderazgo sobre algo y sobre alguien; por lo tanto debemos saber comportarnos dentro de esas esferas de autoridad. Como dice el dicho: "las armas no matan; son las personas las que matan". Claramente, esto es aplicable en nuestro liderazgo.

Problema # 2: El pecado inherente y no conquistado en nuestra vida:

Ellos lo vencieron por medio de la sangre del Cordero y por la palabra del testimonio de ellos, y no amaron sus vidas, llegando hasta sufrir la muerte. Apocalipsis 12:11 (LBLA).

A nivel real, nuestro testimonio es el mejor vehículo para llevarnos a desarrollar y mantener nuestra influencia y autoridad en la vida de otras personas. Muchos lamentablemente buscan alcanzarlo por otros medios, como los carismas personales, las habilidades y las mismas experiencias.

El respeto es la llave para que la gente le dé a uno el derecho de hablar a su vida. Recordemos que no es nuestra posición lo que determina nuestra influencia sino el reconocimiento de aquellos que están debajo de nosotros.

Lo que socava más rápido nuestra influencia es cuando la gente que está a nuestro derredor sabe que nosotros tenemos alguna debilidad y no la hemos podido vencer. Nos hemos acomodado y hecho ajustes en nuestra vida para seguir funcionando a pesar de la debilidad. A la misma vez, les insistimos a los demás, les predicamos desde el púlpito y les instamos a que conquisten y venzan sus propias debilidades, aunque nosotros mismos no lo hemos podido hacer.

La promesa de Dios es para aquellos que han vencido sobre sus debilidades: Al vencedor, le concederé sentarse conmigo en mi trono, como yo también vencí y me senté con mi Padre en su trono. (Apocalipsis 3:21).

Dios desea darnos honor, influencia y liderazgo en nuestra vida; mas sería contraproducente que nos la diera si no estamos dispuestos a enfrentar nuestros propios gigantes y echarlos de nuestra tierra.

Problema # 3: El temor y la inseguridad frente al llamado, mis capacidades y mi rol como líder:

Porque no nos ha dado Dios espíritu de cobardía, sino de poder, de amor y de dominio propio. 2 Timoteo 1:7 (LBLA).

En la vida de un líder, el temor es uno de los lazos más debilitantes y esclavizadores que pueda enfrentar. Estos pueden regir y determinar la dirección, la visión y el estilo con que maneja su liderazgo.

Las Escrituras nos declaran que el temor es un espíritu, el cual no es solamente un demonio enviado por el enemigo para limitar nuestra efectividad, sino que es una actitud y una debilidad en nuestra vida, personalidad y voluntad, que a la larga nos vuelve profundamente inefectivos y puede frustrar a todos los que están a nuestro derredor.

En nuestra sociedad, el temor se ha vuelto una de las cosas más comunes, de tal forma que se han identificado más de cuatrocientas "fobias". En la Biblia misma encontramos que el temor es mencionado múltiples veces, especialmente por medio de sus sinónimos, tales como: intimidación, atemorizar, temor mortal, cobardía, timidez, inseguridad e incredulidad.

No solamente el temor nos paraliza o controla, sino también determina la forma en que operamos en nuestra influencia y liderazgo.

Autoridad; Natural vs. Espiritual

Una de las formas más comunes del temor es la inseguridad, la cual controla a muchos líderes, temiendo constantemente de otras personas, pensando que otros serán mejores que ellos. La inseguridad no nos permite levantarnos y brillar; más bien nos lleva a querer ser las únicas voces relevantes en la vida de otros, pretendiendo que los demás dependan de nosotros.

El temor y la inseguridad nos estancan. El orgullo de no reconocer que hay temores desdibuja el liderazgo, encaminándolo a un tipo de trabajo en donde se desea brillar y ser constantemente el centro de toda actividad. No nos permite compartir nuestra autoridad y el liderazgo con los demás; preferimos ser esclavos de nuestras propias debilidades y volvernos la "persona orquesta".

Lo lamentable es que el temor se cumple, porque es lo opuesto a la fe; le abre las puertas al enemigo, le da derecho a tocar, interferir o destruir algún aspecto de nuestra vida, liderazgo o ministerio. Job, en la Biblia, confiesa en Job 3:25,26, que él fue el que le permitió a Satanás destruir todo lo que tenía.

¡Cuántas veces hemos destruido lo que tanto hemos tratado de edificar! Desafortunadamente el temor nos ha llevado a agarrar y controlar lo que tenemos en nuestras manos. Por ejemplo: un padre, que por el temor no le permite a sus hijos hacer lo que un muchacho de esa edad podría o debería hacer; un pastor que por temor a la traición no le permite a otros levantarse en el ministerio. Lo cierto es que rápidamente perderemos a los que por el temor estamos controlando.

Muchas veces el temor está fundamentado en las experiencias del pasado, las heridas que sufrimos, las cosas que otros nos hicieron y que ahora no nos permiten ser las personas que Dios nos ha llamado y capacitado para ser.

Algunos de nosotros vemos los modelos equivocados del pasado, y por temor nos vamos al lado opuesto, nunca queriendo ser como ellos. Ese temor, cerrando nuestro corazón, no nos permite sacar lo malo y retener lo bueno.

Las víctimas del temor no solamente son las personas que están controladas por el temor, sino todos aquellos sobre los cuales influyen. En conclusión, estos son las verdaderas víctimas.

Problema # 4: La rebeldía, el no querer someterse a las autoridades superiores:

Porque las armas de nuestra contienda no son carnales, sino poderosas en Dios para la destrucción de fortalezas; destruyendo especulaciones y todo razonamiento altivo que se levanta contra el conocimiento de Dios, y poniendo todo pensamiento en cautiverio a la obediencia de Cristo, y estando preparados para castigar toda desobediencia cuando vuestra obediencia sea completa. 2 Corintios 10:4-6 (LBLA).

Todos, absolutamente todos, somos llamados a someternos a las autoridades superiores que Dios ha escogido para nosotros. No hay persona exenta de este mandamiento, no importa quién sea y en dónde esté.

En nuestro caso, aunque dirigimos un ministerio que abarca más de veinte naciones, dándole cobertura a cientos de iglesias, ministerios y ministros, mi esposa y yo no somos libres de vivir una vida sin autoridad sobre nosotros. Es imperante que tengamos a alguien en nuestra vida a quien demos cuenta de nosotros mismos. Debe haber alguien a quien mi esposa pueda ir a exponer todas sus preocupaciones o dudas, especialmente acerca de mi persona.

Es la única forma para proteger y mantener sana nuestra vida, matrimonio, familia y ministerio. Es la forma de poder comenzar bien y terminar bien en la vida. Esta acción o estilo de vida no puede ser forzada; tiene que ser un acto de la voluntad de la persona.

Lamentablemente, muchos queremos tener el derecho de dirigir la vida de otros, tener influencia y liderazgo en alguna forma u otra, pero siendo uno mismo "libre, soberano e independiente". En la Biblia no existe tal terminología. No podemos encontrar las palabras independencia o independiente, sino el llamado ha sido el de someternos a Dios y a otros.

Conozco a ministros de Dios con increíbles cualidades y habilidades, que podrían haber llegado a ser increíbles hombres de Dios, pero lamentablemente la rebelión los ha gobernado. No les gusta que les pongan limitaciones; no les gusta jugar por las reglas que otros han determinado. He conocido ministros que si solamente se les da 45 minutos para predicar, pasan los 45 minutos murmurando del poco tiempo que se les ha dado. Le pregunto: ¿Cuánto tiempo necesita Dios para hablar al corazón de alguien? Creo que somos más efectivos sujetándonos que luchando por hacer nuestra propia voluntad.

No importa cuánta habilidad y talento tengamos, si hay rebelión en nosotros, hemos llegado al punto que nosotros somos nuestros peores enemigos. Destruiremos lo que hemos luchado por edificar.

Aunque le parezca contrario a la cultura moderna, Dios llama aún al esposo a darle a su esposa injerencia en su propia vida. Efesios 5 nos dice: Sujetados los unos á los otros en el temor de Dios. Creo que la esposa debe de ser la persona de mayor influencia en la vida de un hombre. En mi propio caso, Dios ha dotado a mi esposa, como a muchas, con características increíbles de entendimiento, conocimiento e intuición, que definitivamente yo no tengo. Ella se ha vuelto mis ojos detrás de mi cabeza, para ver las cosas que yo no tengo la capacidad de ver. Eso me protege en todo tiempo y en muchas maneras.

Cuando permitimos que la rebeldía se apodere de nosotros, empezamos a pensar que somos autosuficientes en nosotros mismos y que no necesitamos a nadie más. El orgullo se apodera de nosotros y nos aislamos de buscar en otros lo que tanto necesitamos.

No solamente la sujeción nos protege sino que establece nuestro liderazgo, porque recibimos la credibilidad, el honor que otros han logrado y la guianza de otros en nuestra vida. Sin ella no se cumple el círculo de la autoridad y hay algo que se interrumpe con el establecimiento de la autoridad.

Capítulo IX
EL PODER FALSO VS. LA AUTORIDAD GENUINA

Y Jesús les dijo: Los reyes de los gentiles se enseñorean de ellos: y los que tienen autoridad sobre ellos son llamados bienhechores. Pero no es así con vosotros; antes, el mayor entre vosotros hágase como el menor, y el que dirige como el que sirve. Lucas 22:25,26 (LBLA).

Uno de los mayores y peores problemas dentro del liderazgo, es cuando equivocadamente no hemos usado la autoridad correctamente, terminando haciendo uso del poder en vez de la genuina autoridad.

Como fue mencionado con anterioridad, Dios es el autor y sustentador de toda autoridad. Él elige y escoge a los que les entregará la autoridad para el cumplimiento de su llamado y propósito en su vida, familia, empresa y ministerio.

Simplemente, el enemigo, quien ha querido "ser igual a Dios" y deseando caminar con la misma influencia y unción como Dios, ha terminado imitando y desvirtuando los principios sobre los cuales Dios ha edificado su reino. Satanás sabe que por medio de eso tratará de desvalorizar todo lo que Dios está haciendo y el pueblo sentirá desconfianza de Dios y de lo que ha puesto dentro del pueblo.

Así como la hechicería y la brujería son una contraparte del verdadero ministerio, y el brujo es una mala imitación del ministerio profético, mucho de lo que ellos hacen trata de desvalorizar el honor y el respeto que conlleva el ministerio, trayendo confusión y descontento en el corazón del pueblo.

Vemos varios casos que confirman este punto. El caso de Simón en Samaria en el libro de los Hechos capítulo 8, cuando el pueblo lo consideraba como la gran virtud de Dios. Se había hecho pasar como un mensajero de Dios, usando de las magias para engañar y manteniendo así al pueblo esclavizado. Más tarde, él manifestó lo que había estado en su corazón, tratando de comprar el don de Dios, como lo había hecho en el pasado con otros dones satánicos que él había recibido.

Cuando el apóstol Pablo llegó a Filipos, en Hechos 16, se confrontó con una muchacha adivinadora que los siguió por varios días proclamando Estos hombres son siervos del Dios alto, los cuales os anuncian el camino de salud. Aunque ella estaba diciendo la verdad, el enemigo la había enviado para desvirtuar el mensaje que Pablo y Silas estaban proclamando. El enemigo estaba usando el poder de la adivinación para manipular, engañar y mantener al pueblo en esclavitud.

El Poder Falso vs. la Autoridad Genuina

De la misma manera, el poder falso fue creado por el enemigo para desvirtuar, manipular y engañar, manteniendo al pueblo estancado, esclavizado y dependiente de él. El enemigo usa diferentes formas, maneras y estrategias para llevar al pueblo al destino opuesto de lo que Dios nos ha llamado a alcanzar.

De la misma manera, el enemigo nos usa a nosotros, aprovechándose de nuestras debilidades, insatisfacciones e insuficiencias para mantener al pueblo esclavo a una estructura contraproducente y dañina. Él sabe que de esa manera puede mantener al pueblo fracasado y frustrado, no logrando vivir plenamente su vida en Dios.

El poder llega a ser la contraparte de la autoridad, actuando falsa y contrariamente al propósito de la autoridad genuina que Dios ha delegado en la humanidad. Esto se manifiesta simplemente observando el propósito y la intención que energiza a las personas que usan el poder.

El poder llega a usar la posición e influencia para forzar a las personas a hacer lo que uno quiere, y no necesariamente lo que ellos deben, desean o pueden. Es una forma solapada de hacer que otros lo obedezcan a uno.

Todo líder tiene una influencia natural que viene directamente de Dios por medio de la delegación de otras personas y simplemente por la posición y responsabilidad que eso lleva. La autoridad es la herramienta en el cumplimiento de los propósitos de Dios en nuestra vida y la vida de los que están alrededor nuestro.

Muchos líderes equivocadamente dejan de caminar en la autoridad, porque usar y mantener la autoridad es extremadamente difícil, ya que no viene simplemente por una posición sino por el reconocimiento de la labor, la fidelidad y el buen manejo de los principios que Dios ha establecido.

Fundamentalmente, el error comienza cuando buscamos el resultado singularmente y no le damos importancia al proceso para alcanzar ese resultado. Esto ocurre cuando el líder, que tiene influencia, usa de esa plataforma para empujar a las personas a hacer cosas que a ellos les conviene o simplemente quieren.

Lo que desea el poder es que la gente simplemente obedezca, no importando cómo y en qué forma uno llegue a eso, usando de diferentes métodos y estrategias para lograrlo. El poder busca los resultados, obviando la importancia y excelencia del proceso en la vida de los individuos.

Pero para Dios es más importante el proceso que el cumplimiento de algo; porque nuestro verdadero llamado como líderes cristianos es el de formar vidas, madurarlas y prepararlas para que puedan entender y tomar las decisiones adecuadas, especialmente cuando no estamos presentes. ¿De qué sirve cumplir con una meta u objetivo, y a la misma vez perder a las personas que estamos liderando?

El Poder Falso vs. la Autoridad Genuina

Al liderazgo falso solamente le importa la obediencia de la gente, alcanzar los resultados, no importándole el proceso. Podríamos decir que la meta equivocadamente justifica el proceso.

Contrario a la autoridad, el poder usa y camina invalidando los diferentes principios para lograr sus objetivos. Interesantemente, estos objetivos podrían ser a la misma vez los mismos que usamos dentro de la autoridad. Muchas veces la diferencia no se encuentra en el deseo o la voluntad sino en la forma o la manera en que logramos alcanzar esas metas. Aunque genuinamente tengamos buenas intenciones, puede ser que caminemos en el poder, en lugar de la autoridad.

Veamos un ejemplo común dentro de muchas iglesias: La meta es lograr adquirir un equipo de sonido. Muchas iglesias necesitan comprar un equipo que le dé la capacidad de hacer la obra del ministerio. El pastor analiza el proceso por el cual le dará a la congregación la oportunidad para que colabore con el proyecto. Delante del pastor está si usará de su influencia adecuadamente o tomará un atajo, usando del poder para lograr alcanzar sus metas rápidamente. Recordemos que al final, el recaudar esos fondos no es el destino sino el vehículo para llevar a la gente a una mejor meta: la madurez y el desarrollo de sus vidas.

Equivocadamente terminamos abortando el proceso por lograr un resultado. Es como una madre, que por la prisa de tener a un bebé lo aborta y termina cargándolo pero sin vida. La madre, como todo líder, debe estar dispuesta a aguantar la incomodidad y la desesperación hasta el momento de poder dar a luz, sabiendo que ella está siendo usada para formar la vida de esa nueva criatura.

No todas las veces encontramos a personas mal intencionadas, que desean usar a otros para sus propios beneficios, sino la mayoría de las personas tienen un genuino deseo de hacer las cosas correctamente. El grave problema es que aún con las mejores intenciones, pero por falta de conocimiento o experiencia en su liderazgo, en casa, como en la iglesia o en la empresa, terminan caminando en poder y no en la autoridad que Dios les ha dado.

El libro de Proverbios nos dice que el entendimiento te protegerá (Proverbios 2:11). Esto no es solamente para el que está en la posición de guiar a otros, sino que el entendimiento y el conocimiento ayuda a proteger las vidas de aquellos que están siguiendo a otros. La Biblia nos llama insistentemente a que adquiramos sobre todas las cosas el conocimiento. La sanidad y el éxito de nuestras relaciones interpersonales dependerán de eso.

Lamentablemente, el poder es utilizado por personas que también quieren usar a otros para su propio avance y propósitos. Esto no solamente es aplicado a los que están en una posición de autoridad, sino para aquellos que están debajo de autoridad pero quieren influir y forzar a sus líderes a que hagan lo que ellos quieren.

El Poder Falso vs. la Autoridad Genuina

Esto se ve a menudo dentro de las iglesias, pero principalmente lo encontramos dentro de los hogares, donde los hijos usan de diferentes maneras para hacer que sus padres hagan lo que ellos quieren.

En la vida vemos cómo se puede caminar en diversas formas de autoridad fraudulentas, algunas de ellas sin entender que estamos haciéndolo, otras con el simple deseo de lograr algo que nosotros deseamos. Veamos varias de las maneras que usamos del poder para forzar a las personas a hacer lo que nosotros deseamos:

La coacción:

La coacción es una de las formas más comunes de poder, porque por ella se compra influencia. El que coacciona está dispuesto a pagarle a la gente por su obediencia, o por lo menos, estando dispuesto a negociar con la persona, dándole lo que quiere, para recibir lo que él necesita o quiere.

Todos nosotros hemos estado en un supermercado cuando hemos visto vergonzosamente cómo un niño le está gritando a su madre, haciendo berrinche, porque la mamá le ha negado lo que él quiere. Tal es la bulla que el muchacho está haciendo, que toda la tienda ya está hablando y observando, preguntándose: ¿qué es lo que la madre hará? En varias ocasiones la mamá le ha insistido al niño que se controle y que deje de gritar y llorar, pero motivada por la vergüenza, se rinde y le promete al niño que si deja de gritar le dará lo que quiere.

Lamentablemente, esto le enseña al niño que cada vez que él quiere algo, todo lo que tiene que hacer es avergonzar a su mamá y ella instantáneamente accederá. Recordemos qué es lo que hemos venido diciendo hasta este momento: El objetivo de esta madre no debe ser simplemente lograr que el hijo le obedezca, sino aprovechar cada oportunidad difícil para formarlo y prepararlo para la vida, aun cuando esto requiera un momento de vergüenza. De la misma manera, todos nosotros debemos estar dispuestos a pagar un precio por el liderazgo que tenemos, sea en el hogar, la iglesia o el mundo de los negocios.

A nivel político, todos estamos acostumbrados a las falsas promesas de los dirigentes políticos, cuyo único objetivo es obtener votos y nada más. Lo irónico de todo esto es que el pueblo ya sabe que todos ellos solamente están prometiendo algo que nunca tienen la intención de cumplir. Otra vez, se está usando de la coacción para lograr un objetivo, por medio de promesas y la compra del respaldo.

Una de las cosas que he aprendido como pastor por muchos años, es que debe haber dentro de la iglesia el simple placer de servir a Dios, sin la búsqueda de algún beneficio propio o el deseo que se le reconozca a uno de alguna manera conveniente. He visto cómo en algunos lugares, aún a los músicos se acostumbra recompensarles económicamente por su "servicio". ¡Qué ironía más grande esta!, porque si es servicio, debe ser hecho por amor, gratitud y voluntad propia;

debe nacer del profundo deseo de nuestra propia vida. Esta es verdaderamente la única forma de servicio.

Otra forma de coacción es la adulación. Esto se manifiesta en ambas direcciones, de arriba hacia abajo y viceversa. Porque el poder no solamente es para aquel que está en liderazgo, sino también para los que están debajo. La naturaleza humana carnal no solamente quiere controlar las circunstancias a su alrededor sino también a las personas.

Estamos tan acostumbrados que si no nos reconocen o agradecen por nuestro "servicio", ya no estamos dispuestos a hacerlo de nuevo. En muchas de las iglesias la gratitud es usada para mantener a la gente feliz, porque sabemos que si no la damos, perderemos el indispensable respaldo de la gente. ¿No se estará devaluando el principio de la gratitud, dándole este uso? ¿No es nuestro servicio una forma de gratitud a Dios? ¿O Creemos que nosotros debemos ser honrados con gratitud para continuar nuestro servicio?

Muchos pastores y líderes tienen que usar la gratitud para mantener a su gente enfocada y eficiente en el trabajo. Una vez un hombre muy sabio y entendido en los principios de la administración de iglesias me dijo: nuestro objetivo no es usar a las personas para crear actividades, sino usar las actividades para formar a las personas.

No deseo desvirtuar la realidad de que todos nosotros, no importa quiénes seamos, debemos de mostrar la mayor cortesía; pero nunca debe ser hecho con la finalidad de forzar a otros para que hagan lo que nosotros necesitamos que ellos hagan o que respondan como deseamos.

Del otro lado de la moneda, encontramos a muchos aprovechados que saben usar la adulación para ganarse el favor y el respaldo de sus pastores y líderes, elevando a las personas a un nivel mayor, haciéndolos sentirse especiales y que crean que son lo mejor que hay en el mundo, y todo con el propósito de congraciarse con ellos, alcanzado ventajas por medio del halago.

Encontramos a muchos que se llaman "profetas" que usan de la "profecía" y se enfocan solamente a los pastores, los líderes o los adinerados de la congregación que están visitando, dándoles palabras que los eleven, prometiéndoles grandezas, todo para caer en gracia y así ser invitados de nuevo o recibir una mejor ofrenda.

He participado en grandes eventos "proféticos", con personas de gran renombre, que durante la actividad están profetizándoles a los que ya conocen, pero la multitud de varios miles que vinieron a oír de una palabra fresca de parte de Dios, no la están recibiendo. De esto creo varias cosas: Primero, cuando el profeta tiene palabra para alguien que está en liderazgo, la debe dar en privado, porque tiene acceso previo o después de la actividad. Segundo, ese no es el momento para el liderazgo sino para que el pueblo pueda recibir de Dios.

Lamentablemente, los mismos "profetas" se han salido del orden de Dios y, estoy convencido, que están caminando afuera de ese marco, en algo que pudiéramos considerar una forma de hechicería cristiana, que en pocas palabras se ha vuelto "poder".

No quiero que se malentienda; creo en la veracidad de todos los ministerios, pero a la misma vez, creo que es tan fácil salirnos del buen camino y empezar a movernos en el poder.

La intimidación:

La intimidación es la forma en que usamos el poder y el natural respeto que conlleva nuestra posición para atemorizar a las personas y forzarlos a obedecer. Consistentemente ha sido usada para asegurar la lealtad y la respuesta positiva de otros.

Estoy convencido de que hay muchísimos padres que no entienden este principio, cuando inconscientemente se sacan la correa o muestran la vara de la corrección y la usan solo para atemorizar a sus hijos. Nunca debería un padre quitarse la correa o sacar la vara, sino únicamente cuando la va usar. Nunca este instrumento debe ser de intimidación, porque esto hace que los hijos le desarrollen miedo al mismo padre y una falta de respeto a lo que debería ser un símbolo de autoridad. Esos padres han dejado de caminar en autoridad y están aventurándose en el poder.

Otros usan las debilidades de las personas para su propio beneficio. Cuando las personas son inseguras, tímidas o introvertidas, saben cómo usar dichas flaquezas para intimidarlos y hacerlos que hagan lo que ellos quieren. Lamentablemente, muchos podrían llamar a esto influencia, la cual nunca lo será.

El púlpito en las iglesias no es simplemente un mueble sino el símbolo de la autoridad pastoral. Es el derecho que un líder se ha ganado de ser escuchado. Si el pastor no lo usa correctamente, engrandeciendo el honor de esa posición, la perderá. Personalmente, he determinado nunca hacer uso de ese honor para hablar con palabras manipuladoras, coaccionarias e intimidadoras con los que han abierto sus vidas para escuchar lo que estoy hablando.

Lamentablemente, muchos pastores, por las presiones económicas que están enfrentando, ceden ante esa tentación, llegando hasta el punto que le dicen a la gente que si no ofrendan o diezman, definitivamente están en maldición. El "púlpito" no tiene el propósito para maldecir a nadie; debe ser usado para bendición, educación, edificación, aunque eso pueda ser el dar una palabra dura o correctiva, pero siempre con amor y no para intimidar a las personas. Nunca deberíamos desvirtuar nuestra posición de esa forma, bajándonos al nivel carnal y diabólico del poder.

En otros casos, hay pastores que los denominamos "macheteros", porque sus palabras transmitidas con influencia y posición son de gran agravio para los que las oyen. El púlpito no es un arma para herir u ofender

El Poder Falso vs. la Autoridad Genuina

a las personas, manteniéndolos a la defensiva y así forzarlas a la obediencia. Pablo nos recuerda que nunca debemos ultrajar a los que nos escuchan (2 Corintios 7:2).

Un padre no fue llamado a maldecir a los miembros de su familia, pero lamentablemente muchos usan términos como: No sirves para nada, nunca llegarás a nada; tonto y otros términos mucho más negativos y denigrantes. Nunca esas palabras deberían salir de los labios de un padre para herir, condenar y destruir a un hijo. La paternidad nunca fue creada para eso sino para bendecir, estimular y encarrilar a sus hijos a un mejor futuro.

Hay otro tipo de personas que usan de la información para sacar ventaja de los demás. De esa forma obligan a la gente a que hagan lo que ellos quieren. Por ejemplo, un joven forzando a su hermano que haga sus quehaceres, diciéndole que les dirá a los padres lo que sabe, si no lo hace. Una esposa que le está recordando a su esposo sus errores del pasado y queriendo de esa forma forzar a su esposo a ajustarse a sus deseos, o equivocadamente tratando de mantenerlo fiel al matrimonio.

Hay pastores que han tenido una consejería con algún miembro de su congregación y usan esa información para formular su mensaje o estableciéndolo como uno de los puntos del mensaje. El profeta que usa información previa para declarar la "profecía". Todas estas cosas mencionadas son una forma de poder intimidador, que está buscando forzar a la gente a la sujeción.

Con respecto a Dios, debemos entender que la Palabra nos llama a desarrollar el temor de Dios, cuya base es el respeto, la reverencia y el honor. Es obedecer a Dios por amor, a pesar de que sentimos que Él no está presente o no nos observa. Pero claramente podemos entender que si no le respetamos, terminaremos teniéndole miedo, porque Él puede enviar nuestra vida completa al lago de fuego y azufre (Mateo 10:28).

La manipulación:

¿Acaso os he engañado por alguno de los que he enviado a vosotros? (2 Corintios 12:17) (RV)

La manipulación es decirles a las personas lo que ellos desean o quieren escuchar, simplemente para agradarlos y complacerlos. Un líder nunca fue llamado a eso, mas en la iglesia moderna vemos cómo los ministros de Dios están diluyendo el mensaje y la predicación para agradar a los que le están pagando su salario.

La predicación es una forma de profecía, porque el profeta está declarando las palabras de otras personas. En este caso, el ministerio profético no representa a la humanidad, como lo hace el sacerdocio delante de Dios, sino que representa a Dios delante del pueblo. Si vemos en las Escrituras, esa es la razón del porqué muchos profetas hablaban con alguna aspereza, porque no estaban pensando en los sentimientos de la gente sino que su motivación era agradar al que los había enviado.

Cuando alguien está torciendo la verdad para su propia conveniencia, entonces se ha convertido en un manipulador, deseando corromper los sentidos y la conciencia de la persona. Esta es una de las maneras más efectivas con que el enemigo nos atrae, subyuga y mantiene en sus garras (2 Corintios 11:3,4).

Recordemos que la alteración de la verdad es una forma de mentira, y cuando lo hacemos intencionalmente se ha vuelto engaño. Sencillamente, el alterar un sólo número o cambiar la historia en un punto, cancela la verdad. Hay tanto líder y ministro que es "evangeléstico", exagerando no solamente estadísticas sino la información que le declara al pueblo. Dichos ministros están desvirtuando el valor de la palabra ministerial, estrechamente caminando en poder.

Hay personas que con astucia y la capacidad de sus palabras manipulan a los demás. El apóstol Pablo llamó a eso "fascinación" (Gálatas 3:1), la cual en su sentido original es "hechizar o embrujar". Es manipular a las personas para que no obedezcan a la verdad de Dios en sus vidas, sino que nos sigan ciegamente. Indudablemente, vemos cómo aún un ministro de Dios por medio de la manipulación puede desear cautivar a sus oyentes para trastornar su entendimiento de la verdad y así desviarlos del camino de Dios.

Podríamos decir que la manipulación es una forma para corromper la vida y el alma de los que están en nuestro círculo de influencia. Recordemos que el llamado singular del liderazgo es para la edificación de aquellas personas a las cuales Dios nos ha llamado. Cualquier cosa que sea en contrariedad a este honroso llamado, se vuelve inmediatamente corrupción.

En las Escrituras encontramos que detrás del ministerio de Pablo venían personas "judaizantes" que querían llevar a los gentiles al judaísmo, instándolos a circuncidarse y establecerse bajo la Ley. Ellos lo hacían por medio de diferentes razonamientos, que la Biblia llama filosofías y vanas sutilezas, según las tradiciones de los hombres, conforme a los elementos del mundo (Colosenses 2:8), queriendo llevar a la gente a la esclavitud, que es encontrada en la Ley ceremonial, que está basada en las obras humanas y que fue cancelada en la cruz del Calvario.

Cuando contradecimos los principios de Dios, estamos tratando de tomar el lugar de Dios en la vida de los individuos. Muchas veces eso es con el deseo que la gente dependa de nosotros, porque hay dentro de nosotros esa profunda necesidad de ser los ejes y el fundamento en la vida de los demás.

La mejor forma para que la gente llegue a la madurez, es permitir y estimularles a que ellos se hagan responsables de sus propias decisiones. Al final, ellos son los que tienen que presentarse delante de Dios para dar cuenta de sus vidas. Este es el verdadero propósito del ministerio y la paternidad dentro de los hogares; pero cuando nosotros hacemos todas las decisiones por los miembros de las iglesias y los hijos, ellos no pueden crecer y madurar y no están listos para enfrentar la vida solos.

La condenación:

No para condenar os lo digo: que ya he dicho antes que estáis en nuestros corazones, para morir y para vivir juntamente (2 Corintios 7:3). (RV)

Es peligroso cuando caminamos en el marco de la condenación, cuando usamos los errores del pasado para mantener a la gente en el camino recto y estrecho.

La Biblia llama a eso "tristeza", porque es la condenación humana la cual produce muerte en el corazón y la vida de los individuos (2 Corintios 7:9-11). Esto no es un verdadero arrepentimiento sino la carga de la culpabilidad y la condenación que nos mantiene arraigados al evento traumático y difícil en nuestro pasado. El arrepentimiento que viene de Dios produce un cambio de decisión y dirección en nuestra vida nos lleva a salir del hoyo en el cual nos encontramos.

En el arrepentimiento, Dios nos ayuda a ver el pecado a través de sus ojos y nos inyecta con su fortaleza, para conquistar nuestra propia tendencia al pecado.

En consecuencia, la condenación nos hace defensivos, cerrando nuestro corazón a las nuevas experiencias y relaciones que podríamos alcanzar tener en el futuro, porque estamos llevando dentro de nosotros la carga y la culpa por el error que hemos cometido.

Cuando un líder usa de la condenación como una forma de poder sobre las personas, los hace a ellos llenarse de temor y sentirse usados; crea indignación en la gente. Al final, se manifiesta como ira, enojo y venganza en ellos. ¿No podría esto ser la razón del porqué hay mucha rebelión y traición en las familias y las iglesias? Porque la gente de influencia ha querido liderar al pueblo usando de la condenación y no de la autoridad genuina que Dios les ha dado.

Contrariamente a lo que hemos visto, el ministro de Dios, así como el padre de familia, debe comportarse con veracidad, transparencia y franqueza (2 Corintios 7:4,14 hablando con verdad).

Cuando usamos de la coacción, manipulación, culpabilidad y condenación, no hay diferencia entre nosotros y las sectas que hacen lo mismo para mantener a la gente esclavizada a unas creencias. Por lo mismo, esto podría llevar a la gente a un legalismo y un determinado control férreo en la vida del pueblo.

Lo único que verdaderamente tenemos de valor es nuestra palabra; es lo que le da confianza a la gente para seguirnos. El líder debe ser fiel a su palabra, antes que ser fiel con sus obras y hechos.

El líder nunca debería usar de las palabras para coaccionar, manipular o intimidar a los demás, sino que su palabra es fidedigna. La gente puede confiar en lo que está diciendo, porque en el pasado ha cumplido lo prometido, aunque le ha sido difícil.

La verdad puede doler, porque puede ser confrontativa, pero demuestra fidelidad y amor. Es mejor la herida de uno que ama, que las bellas palabras del que nos odia (Proverbios 27:6). Que nuestras palabras no sean usadas para engañar o manipular a los demás.

Fidelidad de nuestras palabras no solamente incluye lo que decimos, sino también lo que nos abstenemos de decir. En el liderazgo debemos ser fieles en cubrir a las personas, a pesar de sus errores o pecados. Somos llamados a no descubrir a las personas con las cuales tenemos un pacto de relación. Naturalmente, es imperante marcar la diferencia entre el cubrir a las personas y encubrir el pecado. El pecado nunca debe ser tapado o escondido, para que se le permita a Dios confrontarlo y tratar sistemáticamente con el problema.

El líder es llamado a no hablar con palabras de doble sentido, con las cuales pudiese manipular a otros. Un líder nunca debe rendirse a la tentación de usar palabras de doble sentido para quitarles a las personas su derecho de libre decisión. Estas palabras manipuladoras son una forma de abuso de liderazgo.

Líderes que usan palabras con doble sentido para tener un encuentro sexual con sus subalternos, ya han invalidado su autoridad y son dignos de desobediencia. En el mundo este tipo de hostigamiento es tan común, aún castigado legalmente, pero nunca debería encontrarse dentro de la iglesia.

Es importante que entendamos que uno de los mayores principios sobre el cual debemos caminar es estableciendo límites en nuestras relaciones interpersonales. En el liderazgo, los límites son una de las mejores formas de establecer el respeto en cualquier forma de relación, sea vertical u horizontal. No es posible caminar en autoridad cuando no delineamos lo que se puede o no hacer dentro de la relación.

En la vida de cada persona Dios ha establecido autoridades superiores, que individualmente gobiernan sobre todo aspecto de la vida de cada ser humano, arriba de todo gobierno o institución establecida. Pedro nos recuerda que debemos obedecer a Dios antes que a los hombres (Hechos 5:29). Constantemente estaremos confrontados a ajustar nuestro liderazgo al orden ya establecido en la vida de cada persona.

Como ya ha sido mencionado, de Dios viene toda autoridad establecida en la creación. No existe autoridad sino la de Dios y a quienes Él se la ha delegado. Él es el dador de la autoridad genuina, comenzando con Jesús, a quien se le dio toda autoridad en el cielo, la tierra y debajo de la tierra. Jesús se la ha delegado a los gobernantes, empresarios, padres, pastores y a la misma iglesia. Entonces podemos determinar que Dios es la mayor autoridad que existe sobre todas las cosas.

El Poder Falso vs. la Autoridad Genuina

En la Biblia encontramos que Dios es el inspirador de todas las Escrituras, dadas a través de todos los hombres que guiados por el Espíritu de Dios escribieron lo que Dios les estaba dando. Esas palabras escritas dentro de los sesenta y seis libros de la Biblia, son para todos nosotros una autoridad superior. Cada uno de nosotros estamos en la responsabilidad de vivir conforme a esas palabras.

Nada contrario a las Escrituras es bueno o digno. Nada que se ha agregado es obligatorio para cada persona. Cada uno de nosotros somos responsables de basar nuestra vida y nuestro liderazgo sobre las palabras y los principios establecidos en la Biblia. Claramente, la Palabra de Dios, por ser inspirada por Dios mismo es una autoridad superior en la vida de cada individuo.

En cada persona, establecida dentro de su conciencia, Dios ha escrito sus palabras para guiarlos en las circunstancias que están fuera de lo que las Escrituras cubren. La conciencia es la pequeña voz que nos habla, especialmente cuando caminamos inciertamente a través de los problemas, afanes y tentaciones de la vida.

La Palabra nos recuerda que es la conciencia lo que primeramente busca limitar Satanás. El pecado cauteriza nuestra conciencia para que no tengamos la sensibilidad para escuchar la voz de Dios en nosotros.

Todos aquellos que no han tenido la oportunidad de escuchar acerca de Dios y de Jesucristo, que viven en la profundidad de la jungla, todavía son responsables de reconocer a Dios como creador y sustentador de todo lo que existe. Desde el principio todo eso fue escrito dentro de sus conciencias; todos ellos son responsables de eso y serán juzgados conforme a la luz que han tenido.

Para cada uno de nosotros, la conciencia renovada es y será una autoridad suprema. Ninguno de nosotros que estamos en autoridad tenemos el derecho de invalidar la conciencia renovada de cada persona, pidiéndoles a las personas que hagan algo que ellos sienten que está equivocado hacer.

Aún, un pequeño niño, que todavía no ha asistido a la escuela, pero ha tenido que enfrentar los peores maltratos, sean verbales, físicos o sexuales, ya sabe y siente dentro de su pequeño corazón que lo que le han hecho es indiscutiblemente malo. Aunque no tenga conocimiento adquirido por la experiencia o aprendizaje, ya sabe discernir entre el bien y el mal, porque Dios se lo ha escrito dentro de su conciencia.

Cuando alguien en autoridad le pide a otros que cancelen o invaliden cualquiera de las tres autoridad supremas establecidas en la vida de toda persona, esa persona ha invalidado su propia autoridad, caminando en poder.

Cuando hablamos de poder, podríamos automáticamente volver ese término en una palabra soez, pero aprendemos que no todo poder es malo. El único poder legal y auténtico es el de la transformación, el que la Biblia denota como

El Poder Falso vs. la Autoridad Genuina

"dunamis" (Romanos 1:16), el que entra en la vida de cada individuo y transforma cada aspecto de la forma de pensar, sentir y accionar.

Dios también les ha dado a sus hijos el poder sobre toda fuerza (poder) del enemigo; sobre toda potestad espiritual en los aires. Creo que es principalmente lo único que Satanás reconoce, cancelando el poder falso con el poder genuino.

Dios ha dado poder a las palabras de sus líderes, poder creativo y transformador. Ese poder es sobre la vida y la muerte (Proverbios 18:21), para sembrar vida o muerte en los que nos oyen. El líder tiene poder genuino, si la gente cree a su palabra. En el libro de los Hechos, cuando Felipe fue a predicar a Samaria, dice que cuando creyeron a Felipe, que anunciaba el evangelio del reino de Dios y el nombre de Jesucristo (Hechos 8:6,12). Antes de creer en Dios tuvieron que creer a Felipe.

Cuando David estaba en el desierto huyendo de Saúl, probablemente cansado de la vida que estaban llevando y extrañando a su familia, permitiendo que sus emociones corrieran un poco, habló en melancolía mencionando cómo añoraba beber del agua del pozo que se encontraba en Belén. Sin dar una orden, sino simplemente verbalizando su deseo, dos de sus valientes se dispusieron a cruzar la línea del enemigo, entrar a Belén y poner su vida en peligro, sencillamente deseando agradar a su líder. Ese es definitivamente el poder en los labios de un líder, que es amado y respetado por sus seguidores.

El Poder Falso vs. la Autoridad Genuina

Una de las más impresionantes verdades sobre el poder de la palabra, la encontramos en lo que el hombre llamado el "centurión" dijo. Acercándose a Jesús para solicitarle su ayuda, termina enseñándonos uno de los mayores principios bíblicos que aún impresionó a Jesucristo. Él mostró cómo el líder que está sujeto a sus autoridades, su palabra puede trascender al tiempo y la distancia. Su declaración: *sólo di la palabra* (Lucas 7:7) se ha convertido en un símbolo del poder que hay en la palabra de un auténtico líder. Por las dificultades de tiempo y ocupación, esa palabra puede ir a donde el mismo hombre no puede. Lo más importante es que recordemos que trasciende porque Dios siempre respalda la palabra de sus escogidos; no deja que ninguna caiga al piso.

Lamento mucho que tanto líder no comprenda el valor que Dios le ha dado, usando su posición incorrectamente, hablando y actuando charlatanamente, desvirtuando el supremo llamado de Dios en su vida.

Ahora podemos regresar al entendimiento de que el poder, como se ha descrito, es y siempre será una falsa imitación de la autoridad divina. He notado a través de muchos años de experiencia ministerial, cómo muchos son obedientes no por convicción sino por conveniencia. Están buscando un resultado que les beneficie personalmente.

Esto mismo lo vemos en muchísimos hogares, donde los hijos obedecen, pero no motivados por el amor o la justicia sino porque temen las consecuencias. Ya saben que si no lo hacen, tendrán mucho dolor en sus vidas o perderán privilegios que les produce placer. Muchos padres y líderes manejan a la gente por medio de la condenación, el temor o la culpa como herramientas para hacer que la gente responda a lo que ellos quieren.

Recuerdo hace muchos años atrás, cuando mi abuela todavía vivía, que ella constantemente estaba murmurando, quejándose de sus achaques y enfermedades, pero especialmente de que "ninguno" de la familia la visitaba. Irónicamente, todos nosotros vivíamos a la par; todos los nietos entrábamos y salíamos de su casa todo el día. Pero ella estaba inconforme; quería más y buscaba que le pusieran mayor atención por medio de la queja y la murmuración. Me pregunto: ¿Cuántos de nosotros hacemos lo mismo con los hijos, los miembros del equipo de trabajo o con la congregación misma? Hemos encontrado que es más fácil que nos obedezcan cuando los abordamos con un sentimiento negativo como la ira, la lástima o la culpa.

En otro caso, por años visitamos una iglesia al norte de los Estados Unidos durante nuestras giras de ministración. Después de un tiempo, notamos que cada año la temática cambiaba, pero era siempre un tema alarmante. Un año hablaban de la invasión que ocurriría desde el sur de Estados Unidos, otro, de la caída del dólar. Cada año era un tema diferente. Después de un tiempo notamos que el pastor usaba del temor para mantener el control del mismo pueblo que Dios lo había llamado a guiar.

Al fin, lo más importante en el liderazgo hogareño y eclesiástico es desarrollar la voluntad de las personas; que tengan la capacidad de pensar y decidir por sí mismos. He notado cómo algunos padres han sido sobreprotectores, decidiendo constantemente por sus hijos en las cosas más pequeñas e insignificantes, como qué comer en un restaurante, qué ropa usar y demás. Llega al punto que los hijos ya no piensan por sí mismos; pero cuando llegan a salir de la casa para la universidad o el matrimonio, no están capacitados para tomar un sinnúmero de decisiones.

Recordemos que el mayor regalo que Dios nos ha dado es el libre albedrío. Él desea que le obedezcamos, no porque nos convenga o saquemos ventaja de nuestra acción, sino porque amamos obedecerle. Hemos decidido caminar en rectitud haciendo lo que es correcto y lo Él desea para nosotros.

Una gran equivocación dentro de muchas iglesias es crear un beneficio del diezmo y la ofrenda. Le prometemos a la gente que si da diez, Dios le devolverá cien. Le estamos enseñando que obedezca por conveniencia y no por amor. El verdadero beneficio del dar es el placer que encontramos en la generosidad. Es la satisfacción de obedecer a Dios y el hecho que estamos caminando en fidelidad a Dios, lo que nos mantiene en la nube de la bendición de Dios.

Lo que Dios busca es que nosotros sometamos nuestra voluntad a la suya; que le obedezcamos porque eso es lo que deseamos y buscamos. Sabemos que no es natural en nosotros; va en contra de nuestra carne;

El Poder Falso vs. la Autoridad Genuina

pero es la única forma de dominar y controlar la carne en nosotros.

En la misma forma, como personas con autoridad espiritual, debemos estimular la voluntad de los que están alrededor nuestro. Recuerdo una vez que mi esposa y yo enfrentamos una dura división en nuestra iglesia. Por varios años nosotros pastoreamos esa iglesia, pero por responsabilidades mayores en el ministerio se la entregamos a uno de nuestros asistentes pastorales. En cosa de dos años él se enseñoreó sobre la iglesia y la llevó a una división. Mi esposa y yo colaboramos en la restauración de la misma congregación.

Unas semanas después de aquella dolorosa experiencia, entré en la cocina de la iglesia y noté cómo las hermanas estaban trabajando con gran alegría. Les comenté sobre lo que veía, y su respuesta me impactó; me dijeron: ahora no estamos sirviendo a la fuerza, sino por amor. Cuando agilizamos la voluntad de la gente, encuentran en sus vidas el placer y el gozo de servir.

Cuando caminamos en poder, muchas veces impondremos cargas sobre los demás que aún nosotros no estaríamos dispuestos a llevar. Todo buen líder nunca debe pedir algo que ellos mismos no han hecho en el pasado y tampoco están dispuestos a hacer en el futuro. Jesús condenó a los fariseos por esta actitud (consúltese Gálatas 2:12). Esto lleva a una hipocresía, un doble estándar: uno para nosotros, y otro para el resto.

El Poder Falso vs. la Autoridad Genuina

Como lo hemos visto, el poder es la imitación satánica de lo que Dios desea hacer en la humanidad. Desde mi punto de vista, es una forma de la misma antigua hechicería. La hechicería es obligarnos en la vida de otros. Es impelerles a que hagan lo que no desean. Es usar herramientas espirituales para influir en otros. Cuando un líder camina en poder, aunque lo haga inconscientemente o sin una mala intensión, está metiéndose en el territorio diabólico.

He tratado varios casos en donde una mujer que está profundamente enamorada de un hombre casado, acude a un centro de hechicería, pagándole al brujo a que haga un encantamiento para disolver el matrimonio y forzar al hombre a enamorarse de ella. Aquí vemos cómo la hechicería, así como el poder, es querer forzar a las personas, no solamente a hacer lo que va en contra de la voluntad de Dios, sino también en contra de su propia voluntad.

La hechicería es querer controlar la vida y el destino de otros (véase Gálatas 5:20). Es desear la destrucción de los demás en contrariedad al propósito de Dios para los que están en un liderazgo espiritual. Es para esclavizar a las personas a fin de cazar almas (Ezequiel 13:18). Fuimos llamados a caminar en autoridad para la edificación de otras vidas (2 Corintios 10:8 y 13:10). No fuimos autorizados a desear o buscar el mal o la destrucción. Jesús mismo nos dijo que Él no vino a condenar, sino a salvar (Juan 3:17).

El Poder Falso vs. la Autoridad Genuina

En la hechicería se cambia el orden y el destino de las personas, cancelando lo que Dios ha determinado e instituido para las personas, dándole muerte a algunos que no debían morir y dejando con vida a otros que no debían vivir (Ezequiel 13:19), trastornan los planes de Dios, interrumpiendo lo que Dios quiere hacer, deseando cambiar la mente y la vida de las personas.

Una de las cosas más fundamentales del poder y la hechicería es cuando usamos mal la posición de influencia que tenemos para maldecir al pueblo. Recordemos que un líder, sea padre o pastor, fue llamado a no solamente ser de bendición sino a declarar bendición sobre el pueblo (Números 6:23). Como hijos de luz, no somos llamados a maldición sino a bendecir y nunca maldecir (Romanos 12:14). Hay una gran diferencia entre advertirle a la persona sobre las consecuencias de sus malas acciones y decisiones, pero nunca debemos de cruzar esa línea, llegando a maldecirlos.

Como pastor, comprendo que hay gente que viene a la congregación, los trabajamos, liberamos, sanamos y levantamos. Ninguno de nosotros somos eternos, todos estamos en un proceso de transición. Mi labor pastoral es preparar a las personas para el cumplimiento del llamado de Dios sobre sus vidas, sea dentro, fuera de la iglesia o en otro lugar. Cuando llega el momento que ellos quieren o necesitan salir, es mi labor enviarlos en bendición y nunca en condenación. Mi lema es: "el que sale bien, entra bien", y a dondequiera que ellos vayan se llevarán un pedazo de nosotros. Deseo que ellos sean una buena representación de lo que nosotros realmente somos y del impacto que hemos tenido en ellos durante el tiempo que estuvieron dentro de nosotros.

El poder limitador está siempre queriendo centrarse alrededor de nosotros mismos. No nos permite compartir la gloria, mucho menos el honor o la autoridad. Al que camina en el poder, le cuesta delegar su autoridad, aunque sí es capaz de delegar responsabilidad pero sin la autoridad.

Cuando uno maneja el poder, la motivación es personal, querer sentirse como el eje, el centro de la vida de otros. Tarde o temprano, terminaremos aprovechándonos de los demás, usándolos para cosas que nos beneficien a nosotros mismos. Nunca, en toda mi experiencia ministerial le he pedido a alguien hacer algo que sea por su naturaleza personal. Nunca le he pedido a alguien que me lave el carro, que limpie la casa o que me haga un mandado personal, aunque esté en una posición donde tengo el personal para hacerlo. Eso sí, si alguien desea hacer alguna de esas cosas como un acto de amor, no se lo he impedido, porque sería robarles a ellos la bendición.

Debemos recordar que el propósito del liderazgo es de formar vidas y no de aprovecharnos de ellos. Ellos no viven para nosotros, sino que nuestra vocación es singularmente para ayudarlos y levantarlos. Son los padres los que viven para los hijos y no los hijos para los padres (2 Corintios 12:14).

El Poder Falso vs. la Autoridad Genuina

En conclusión, nunca debemos olvidar que la autoridad debe ser manejada de una manera totalmente diferente. La obediencia, que es el resultado de la autoridad, no es el propósito o la meta del liderazgo sino la formación de las mismas vidas que han sido puestas bajo nuestro cargo.

La obediencia deja de ser un resultado de la manipulación o cualquier forma de poder, sino la respuesta del respeto y el amor que hay dentro de nuestras propias vidas. La obediencia se vuelve algo que es natural y cotidiano.

En la Biblia encontramos que la obediencia significa: Adherirse, ajustarse, moldearse a la voluntad y los deseos de otro. No es algo limitador o destructivo. No debe de cancelar nuestro pensamiento o voluntad, sino que bíblicamente, cuando nos volvemos "esclavos" de Jesucristo, es cuando encontramos nuestra verdadera libertad a la cual fuimos llamados.

Hay momentos en los cuales no sentimos el deseo o las ganas de hacer lo que se nos pide, mas en esos momentos es cuando debemos dejar que el dominio propio y la resolución sean las que nos lleven a reaccionar correctamente. Esto a la vuelta produce una tremenda madurez en nuestras vidas. La madurez viene a través del conocimiento entre el bien y el mal, aprendiendo a hacer lo que es bueno y agradable ante los ojos de Dios.

Cuando aplicamos correctamente los principios de la autoridad, podemos llegar a ser eficientes en nuestro liderazgo, por la influencia que ya hay sobre la vida de otros.

La autoridad se cumple cuando sabemos avergonzar y castigar la desobediencia, cuando nuestra propia obediencia es perfecta, cuando los que están bajo nuestro liderazgo ven en nosotros un respeto, una reverencia y cómo honramos a los que Dios ha puesto sobre nosotros. Me entristece mucho ver cómo personas tienen un doble estándar, pensando que ellos mismos son exentos de toda responsabilidad que han impuesto en la vida de los demás. ¿En dónde encontramos la justicia y la verdad en esto? Nunca deberíamos demandar de otros lo que nosotros no estamos haciendo previamente.

La autoridad auténtica es aquella que se cumple sin un verdadero esfuerzo; que no hay que hacer lo de los tres cochinitos: soplar, soplar y soplar. Muchos de nosotros tenemos que informar, convencer e intimidar a los demás para que nos obedezcan; con eso ya se ha perdido la autoridad.

Mi esposa y yo dirigimos un ministerio, que a nivel humano es demasiado grande para manejarlo uno mismo. Nuestro ministerio se encuentra en muchas de las naciones de este Continente y al otro lado de los océanos: En Europa, África y Asia. Son cientos de ministerios bajo nuestro cuidado. Nosotros nunca podríamos visitar todas las iglesias o pasar tiempo con todos los ministros; humanamente hablando, sería una imposibilidad.

Aún, nunca podríamos tener la credibilidad de todos. Las relaciones ministeriales están basadas en personalidad, deseos y expectativas, pero sobre todo la credibilidad que uno tiene en la vida de cada persona. Esta sería imposible, si uno no tiene el tiempo para desarrollarla. Mas nosotros contamos con algo mucho mejor; cada líder que trabaja con nosotros, sí tiene la credibilidad en la vida de cada uno de esos ministros, caminando con ellos, trabajando y formando sus vidas, y al final, ayudándonos a nosotros en el cumplimiento de nuestro llamado. Nuestro liderazgo se manifiesta en y a través de cada uno de ellos. Nosotros tenemos autoridad sobre todo el ministerio cuando influimos la vida de los que llevan la antorcha de la autoridad a nivel local.

Cuando trabajamos en equipo, la autoridad nos habilita para guiar a otros, aunque nosotros no estemos presentes o lo hagamos en realidad. Nos ayuda a trabajar a través de la vida y ministerio que hay en otros. Así cumpliendo con la autoridad que Dios nos ha delegado.

La autoridad genuina no debe ser forzada o demandada; es algo que naturalmente debe fluir de nosotros hacia los que Dios ha puesto en nuestro cuidado. Cuando tenemos que informarles a otros que nosotros somos la autoridad, estamos solapadamente declarando que estamos inseguros y dudosos de nuestra propia autoridad.

Muchas veces nuestra respuesta es lograr que la gente nos obedezca rápidamente, en vez de reedificar y reafirmar nuestra propia autoridad, regenerando la forma que nos comportamos y manejamos en la autoridad que Dios, por su gracia, nos ha dado.

Capítulo X
LA AUTORIDAD Y LA GUERRA ESPIRITUAL

Pues aunque andamos en la carne, no luchamos según la carne; porque las armas de nuestra contienda no son carnales, sino poderosas en Dios para la destrucción de fortalezas; destruyendo especulaciones y todo razonamiento altivo que se levanta contra el conocimiento de Dios, y poniendo todo pensamiento en cautiverio a la obediencia de Cristo, y estando preparados para castigar toda desobediencia cuando vuestra obediencia sea completa (2 Corintios 10:3-6).

En la vida de cada individuo, se puede ver que se está en una permanente lucha. El enemigo quiere destruir la simiente de la vida que Dios está queriendo levantar dentro de nosotros. Dios nos ha llamado a la victoria; esto no solamente es un cliché o un dicho, sino que Dios se dispuso a caminar con nosotros y armarnos con todo lo necesario para alcanzar el éxito en nuestra vida.

La realidad es que no puede haber victoria sin batalla. Todos deseamos ser vencedores y conquistar al enemigo, pero le rehuimos a la lucha y los problemas. Humanamente hablando tenemos toda la razón; no hay nada bonito en una batalla sangrienta. Mas la realidad es que con el enemigo no puede haber pacto de no agresión; él no quiere dar ni un solo centímetro de lo que él considera su territorio.

La profunda verdad es que el enemigo todavía te considera su propiedad, su casa y su herencia. Aunque fue ya vencido y despojado, no solamente de su derecho sobre la humanidad sino que fue derrotado en la cruz del Calvario, él todavía no se ha convencido de que ya no tiene el derecho sobre nosotros.

Hace un tiempo atrás conocí una mujer peligrosamente sencilla, que dio un testimonio en la iglesia. Nos contó cómo ella se había cansado de la lucha que estaba enfrentando, y decidió tratar con sus problemas. Nos contó que estando sola en la casa, su familia ya se había ido al trabajo, invitó a Satanás a su comedor. Puso dos sillas, una para ella y la otra para Satanás.

El meollo del testimonio fue este; ella le dijo esto a Satanás: Si usted me deja tranquila, yo también ya no lo molesto. Deseó hacer un tratado de paz con el enemigo; lamentablemente eso es algo imposible. Como toda guerra de guerrilla, el enemigo puede hacer algún tratado contigo, pero al final hará la guerra detrás de la escena. Él nunca se va a rendir, deseando conquistarte, dominarte e inhabilitarte para que no llegues a ser el hijo que Dios te ha llamado a ser.

La batalla, Dios la ha permitido para prepararnos para reinar con Jesucristo, no solamente en nuestras vidas o familias sino en el reino de Dios. Por medio de la lucha somos refinados, depurados y emblanquecidos (Daniel 11:35). No solamente estamos venciendo en la vida, sino que estamos derrumbando y desequilibrando el reino de Satanás.

En la cruz, Jesucristo ya nos dio la victoria sobre toda artimaña del enemigo. Nosotros ahora tenemos que aplicar la cruz a nuestras vidas diariamente, luchar contra Satanás en las áreas de nuestra vida, especialmente en las que somos más vulnerables, porque si lo vencemos allí el resto será más fácil.

Ahora más que nunca, Dios ya nos ha dado la victoria. Aunque sea difícil, debemos aplicar esa victoria a nuestra vida. Todas las armas que Dios nos ha dado son más que suficientes para lograr la victoria, incluyendo la más importante de todas: la autoridad que Dios nos ha regalado.

La Palabra nos llama a pararnos firmes en contra de las insidias del diablo (Efesios 6:11). No podemos darle un solo centímetro, porque él no se rendirá ni claudicará, ni nosotros debemos hacerlo. La gran ventaja es que nosotros ya tenemos la victoria en lo que Cristo ha hecho.

El enemigo se ha lanzado contra nosotros con ataques directos, cada uno de ellos con la capacidad de destruirnos. Él ha puesto circunstancias, como accidentes, problemas familiares y personales, enfermedades, problemas internos en nuestra mente y emociones, para que nosotros abandonemos la carrera, desmayemos o perdamos nuestra efectividad como cristianos.

Las primeras luchas que Jesucristo enfrentó fueron frontales y directas, de cuerpo a cuerpo, como el caso del desierto. Pero cada vez que Cristo vencía, Satanás ya no lo confrontaba directamente sino por medio de otras personas y de las circunstancias. Constantemente enviaba a los fariseos para tentarle, levantaba una gran tormenta en la mar, usaba a Pedro para crear lástima propia, puso en Judas el deseo de la traición, hasta el punto de entrar personalmente en Judas para traicionar a su Maestro.

En la vida de tanto creyente, han sido blancos del ataque por medio de la hechicería enviada por personas que han mantenido un odio, celo o codicia, queriendo destruir sus vidas, economías, matrimonios o aún sus ministerios.

> *Pero nosotros no somos de los que retroceden para perdición, sino de los que tienen fe para la preservación del alma.* (Hebreos 10:39)

Debemos ser sabios y entender que sus maquinaciones no nos deben sorprender. Satanás usará cualquier cosa, en cualquier momento, especialmente cuando estamos cansados, solos y vulnerables, para tentarnos, atacarnos o seducirnos; pero Dios nos ha dado todo lo que necesitamos para ser victoriosos.

Nuestras batallas del pasado, presente o futuro, son primariamente espirituales. Se pueden manifestar en una forma real, física, familiar, interpersonal o económicamente, pero tienen un trasfondo espiritual. Para tratar con ellas y cancelar su influencia o conquistarlas, hay que enfrentarlas con armas espirituales.

Cuando la enfermedad es generada por algo espiritual, puede o no ser detectada por los exámenes médicos como los rayos X, ultrasonido, electrocardiogramas, exámenes de laboratorio u otro método de análisis. Mas la medicina, la cual es generalmente paliativa, no puede curar dicha enfermedad sino simplemente opacar sus efectos. Si queremos curar esas enfermedades tenemos que hacerlo con las armas espirituales que están a nuestra disposición.

No deberíamos negar que Satanás es un enemigo férreo y sumamente capaz de herirnos, destruirnos y matarnos. Dios es el que se ha interpuesto entre nosotros y el enemigo; ha puesto un vallado a nuestro derredor; nos ha cercado con su presencia y con ángeles guerreros. Ah, pero no debemos descuidarnos, porque el ataque puede ocurrir en cualquier momento. Debemos estar listos para contrarrestar al enemigo en nuestras vidas.

En los aires hay una lucha campal, donde los ángeles de Dios están combatiendo contra Satanás y todas sus huestes. Podemos ver esto en acción en los libros de Daniel y Apocalipsis, principalmente. No debemos ser ignorantes, porque por medio de nuestra ingenuidad e inexperiencia caeremos como presa fácil en las manos del enemigo. La Palabra nos lo recalca, recordándonos que somos destruidos por falta de conocimiento (Oseas 4:6).

Por medio de las armas espirituales podemos vencer al enemigo y desmantelar todas sus maquinaciones en contra de nosotros, nuestra familia, amigos y la iglesia. Cristo nos ha dado su sangre, la cual nos ha lavado de todo pecado y culpabilidad. Hemos sido revestidos con su justicia, de tal forma que no solamente Dios ya no mira nuestros errores pasados, sino que tampoco Satanás los puede usar en contra nuestra.

La Palabra de Dios no solamente la podemos usar para lavarnos, revestirnos y levantarnos, sino como un arma eficaz para contrarrestar el ataque del Diablo.

En la vida hay cosas que para nosotros son verdaderamente imposibles. Jesús dijo que hay ciertas circunstancias o problemas generados por los demonios que no pueden ser vencidos sin combinar el ayuno con la oración. El ayuno no es una manera para forzar a Dios a responder por nosotros, sino un arma para reducir las fuerzas del enemigo dentro de nuestra propia vida, subyugando a la carne y fortaleciendo nuestro espíritu, para prepararnos para la lucha que está por delante.

Por otro lado, hay batallas que no pueden ser ganadas sin la intervención directa de los ángeles de Dios. Para algunos que están leyendo este libro, les puede parecer, no solamente extraño, sino aún incorrecto, el que digamos que los ángeles están al servicio nuestro para ayudarnos a vencer en nuestra guerra espiritual. Reconozcamos que como hijos de Dios, sentados juntamente con Jesucristo en lugares espirituales (1 Pedro 3:22), Dios nos ha dado también autoridad sobre esos siervos y mensajeros que están al servicio de Dios y de aquellos que son herederos de Dios (Hebreos 1:14).

De la misma manera ¿no somos llamados a juzgar aún a los ángeles? Sí de esa manera Dios nos ha dado su potestad y honor, ¿no nos enviaría también a los ángeles para que luchen con y por nosotros en las batallas en nuestras vidas? Esta es la esencia de la autoridad que Dios nos ha dado en Cristo, para que luchemos y venzamos en contra de las huestes de Satán.

Hay una clave esencial para la victoria, y esa es la fe que tenemos en la obra redentora de Jesucristo. Cuando entendemos que no somos nosotros sino Jesucristo en nosotros lo que hace la diferencia, podemos empezar a caminar con mayor victoria en nuestras vidas.

Conforme a lo que encontramos en el capítulo 10 de la Segunda carta a los Corintios, nuestra autoridad se hace efectiva cuando estamos sinceramente sujetos a las autoridades que Dios ha puesto sobre nosotros. Entonces estamos capacitados para "castigar toda desobediencia", sea satánica, demoniaca o humana.

Debemos andar en santidad para que el enemigo no halle nada en nosotros de donde aprovecharse. Jesucristo mismo nos lo dijo: viene el príncipe de este mundo, y él no tiene nada en mí (Juan 14:30). Si el enemigo tiene de dónde agarrarse en nuestras vidas, lo hará. Si hay pecado no confesado, culpa o condenación, él usará cualquier forma para tomar ventaja de nosotros. Debemos mantenernos limpios, para que así podamos pelear la buena batalla, correr la carrera y lograr la meta en Cristo Jesús.

Dios nos llama a pelear la buena batalla de la fe, echando mano a la vida eterna que Dios nos ha dado (1 Timoteo 6:12). El enemigo todavía está suelto, buscando destruir y matar, o por lo menos, incapacitarnos para que no sirvamos a Dios eficazmente. Nosotros somos los únicos que le podemos permitir que él tenga poder sobre nosotros.

Hemos sido llamados a pararnos firmes en la fe, en el entendimiento de que ya la victoria se nos ha sido dada. Dios ha puesto en nuestras vidas la autoridad, no para tenerla de "decoración" sino para usarla efectivamente en nuestra lucha contra toda asechanza y ataque del enemigo en nuestras vidas. ¡Hoy más que nunca, podemos ser victoriosos! Dios está con nosotros.

CONCLUSIÓN

Aunque vivimos en un mundo natural, no todo lo que enfrentamos es netamente de corte natural, sino que hay cosas que son de carácter espiritual. Para poder vencer sobre ellas, debemos conocer su raíz, qué es lo que las están fortaleciendo. Solamente después podemos conquistarlas en nuestra vida.

Antes de poder hacer frente, luchar y vencer los problemas de la vida, sean naturales o espirituales, debemos saber que los recursos y las armas que Dios nos ha dado deben ser trabajadas y ejercitadas para que lleguen a ser efectivas.

Lo natural llega a ser nuestro tutor, para que por medio de lo que hemos aprendido e implementado diariamente en nuestras vidas, familias, negocios e iglesias, podamos entonces tener la suficiente autoridad para que los principados y las potestades espirituales nos reconozcan y obedezcan a nuestras órdenes.

El principio más importante dentro de la autoridad, es el de reconocer que necesitamos estar bajo autoridad, respetando y reconociendo la influencia que otros tienen sobre nuestra propia vida. También hay una demanda de que seamos respetuosos de las autoridades superiores; eso establece y levanta nuestra propia autoridad delante de los que buscan en nosotros un liderazgo sobre sus vidas.

No podremos expandir nuestra influencia sin que nosotros caminemos en fidelidad delante de todos los que nos rodean. La fidelidad se logra desempeñando todas nuestras responsabilidades, fieles en el cumplimiento de nuestras palabras y acciones. Como padres, ministros y pastores, nuestra autoridad depende del reconocimiento que hay en la vida de las personas. La autoridad no es impuesta sino reconocida, creando así el balance y el cumplimiento del "círculo de autoridad".

Nuestro trato con los demás debe ser basado en la honestidad, siendo transparentes y correctos con nuestras intenciones.

La clave de la efectividad en nuestra propia autoridad es el delicado balance que hay entre nuestra sujeción a las autoridades que están sobre nosotros y la influencia de nuestra autoridad sobre la vida de aquellos que han visto en nosotros un modelo de liderazgo para sus vidas.

No podemos llegar a tener autoridad en el ámbito espiritual, hasta que caminemos correctamente en la autoridad en el mundo natural que está a nuestro

Conclusión

derredor. Estos dos están íntimamente ligados. Cuando lleguemos a ser fieles en las cosas naturales, entonces Dios nos confiará lo que es verdadero.

Aunque nunca seremos perfectos, mucha de la influencia que hay en nuestra vida dependerá de la forma en que manejamos los quehaceres de la vida, la manera en que reaccionamos ante los problemas y las dificultades que enfrentamos. Nuestros hijos, los que nos siguen y la gente en general nos está observando para ver cómo enfrentamos los problemas. Ellos nos siguen, emulan y modelan lo que nosotros les hemos mostrado por el estilo de nuestra vida.

La relación que tenemos con los demás determinará la profundidad de nuestra propia autoridad. Si constantemente estamos usando, abusando y maltratando a los que deberíamos estar "guiando", la poca influencia que tenemos será profundamente limitada. Nuestras malas acciones y actitudes pueden desparramar nuestra influencia; lo que estamos luchado por edificar, de la noche a la mañana lo perderemos. La autoridad, aunque tiene el potencial de ser eterna, puede ser fácilmente perdida; después es mucho más difícil recuperarla.

La autoridad no solamente fue dada por Dios para liderar a otros en el camino que deben andar, sino para batallar en contra de todas las fuerzas del enemigo, en nuestras vidas así como en las vidas de aquellos que nos rodean. Los ataques del enemigo son constantes y vendrán especialmente cuando no lo esperamos.

Cuando vengan los problemas y los ataques, Dios nos puede usar para libertar nuestra propia vida y ayudar a otros a vencer sus propias dificultades. Como cristianos, Dios no solamente nos ha llamado a vencer sobre "toda fuerza del enemigo", sino que tenemos la responsabilidad de ayudar a otros.

Dios nos ha dado autoridad para conquistar toda desobediencia, así natural como espiritual. Mucha de esa rebelión está fundamentada en el deseo de querer hacer nuestra propia voluntad y vivir una vida egocéntrica. Hoy más que nunca, tenemos el poder de Dios para vencer, pero eso sí, por medio de nuestra propia obediencia.

Solamente lograremos vencer cuando ejercitemos nuestra autoridad, uno de los "músculos" más versátiles en nuestra vida. Si no la usamos correctamente, por lo menos, la estropearemos, más aún la podríamos perder. La autoridad la podemos edificar, engrandecer y mejorar por medio del buen entendimiento y manejo de los principios bíblicos que Dios nos ha dado.

Entonces, y solamente entonces, tendremos la autoridad correcta para desarraigar, desligar y destruir toda fuerza del enemigo, sin que nada que él haga o pueda hacer contra nosotros nos dañe.